Bibellesen wie niemals zuvor!

Fast alle von uns haben schon Erfahrungen mit dem Bibellesen gemacht. Für die einen ist es eine wahre Bereicherung, für die anderen jedoch nur eine Qual, wenn sie die Texte lesen. Vielleicht kommst du dir beim Bibellesen wie versklavt vor. Denn als guter Mensch, der Jesus nachfolgt, ist es ja eine fast schon heilige Pflicht, in der Bibel zu lesen. Und nur wenn es sich auch beschwerlich und schwierig anfühlt, ist es richtig, denn dieser Kampf muss weh tun. Vielleicht gehörst du auch zu dieser Gruppe von Christen, die die Bibel eher bekämpfen und ihr wie einem Feind begegnen. Anstatt Gott darin zu finden, suchen sie Gründe, dass Gott sich darin nicht zeigt. Für andere wiederum ist es wie eine gute Unterhaltung mit einem Freund, in der man sich austauschen und einander näher kennenlernen möchte.

Wie geht es dir persönlich mit dem Thema Bibel? Was sind deine Erfahrungen? Fühlst du dich wohl bei dem Gedanken, ein ganzes Buch über das Bibellesen in der Hand zu halten? Oder macht es dir eher Angst? Wir beide sind davon überzeugt, dass Bibellesen keine Qual sein sollte, sondern Spaß machen kann. Wenn Gott sich in der Bibel wirklich zeigt, dann ist eine Begegnung mit ihm immer wohltuend, erfrischend, ermutigend und hilfreich. Dieses Buch soll dich unterstützen, deine Art zu entdecken, wie du die Bibel lesen kannst. Genau wie wir alle unsere Beziehungen und Freundschaften etwas unterschiedlich leben, so tun wir dies auch mit Gott. Und das ist in Ordnung. Gleichzeitig haben wir in der Gestaltung unserer Beziehungen alle etwas gemeinsam: Wir zeigen einander unser Herz und haben Gemeinschaft miteinander. So wollen wir auch an die Bibel herangehen. In diesem einzigartigen Buch zeigt Gott sein Herz und spricht direkt zu uns. Wir können ihn näher kennenlernen und darüber staunen, was er tat und heute auch noch in unserem Leben tut. Wenn es dir schwer fällt die Bibel zu lesen, kann es sein, dass du einfach noch nicht die zu dir passende Herangehensweise gefunden hast. Falls es dir heute schon Freude macht, in Gottes Wort zu lesen, dann findest du hier viel neue Inspiration, um unserem Vater im Himmel neu zu begegnen.

Wir alle aber stehen mit unverhülltem Gesicht vor Gott und spiegeln seine Herrlichkeit wider. Der Herr verändert uns durch seinen Geist, damit wir

Bibellesen wie niemals zuvor!

FSC
www.fsc.org
MIX
Papier aus verantwortungsvollen Quellen
FSC® C014138

1. Auflage Dezember 2022

Bibliografische Information der Deutschen Nationalbibliothek
Die Deutsche Nationalbibliothek verzeichnet diese Publikation in der Deutschen Nationalbibliografie; detaillierte bibliografische Daten sind im Internet über www.dnb.de abrufbar.

Die Bibelzitate stammen aus folgenden Ausgaben:
ELB = Elberfelder: Elberfelder Bibel © 2006 SCM R.Brockhaus, Witten
GNB = Gute-Nachricht-Bibel © 2000 Deutsche Bibelgesellschaft, Stuttgart
HFA = Hoffnung für alle® ©1983, 1996, 2002, 2015 Biblica Inc..; hrsg. vom Fontis-Verlag,
LB = Luther-Bibel, revidiert 2017 © 2016 Deutsche Bibelgesellschaft, Stuttgart.
NLB = Neues Leben. Die Bibel © 2002, 2006 SCM R. Brockhaus, Witten
NGÜ = Neue Genfer Übersetzung © 2011 Genfer Bibelgesellschaft
SB = Schlachter-Bibel © Genfer Bibelgesellschaft, CH-1204 Genf

Ghostwriting: Detlev Reich
Lektorat: Barbara Bachmann
Mitarbeit: Patric Neeser, Dave Kull, Jan-Micha Schmitter, Stefan Bigger

Layout, Gestaltung & Art Direction: Dania Wippermann, Silas Pohl
Satz: Dania Wippermann
Gestaltung Kapiteltitelseiten: Andrea Schüller, Anita Probst, Dania Wippermann, Deborah Schär, Dinah Marti, Elansa Schütze, Elena Müller, Emanuel Kolb, Florin Flammer, Giulia Steiert, Kimberly Rachel Sneep, Lea Hofmänner, Leena Pfister, Michaela Dengler, Nadja Kuhn, Palmira De Rose, Samuel Hofmänner, Silas Pohl, Sindy Födisch, Sonja Röllinghoff, Sora Bungenberg, Susanna Bigger, Tabea Lanz, Tina Schudel, Thomas Schütze

Druck: Finidr
Gedruckt in der Tschechischen Republik

ISBN 978-3-03750-050-7

Auch als eBook erhältlich:
978-3-03750-051-4 (epub)

icf.church/bibellesen-wie-niemals-zuvor

ihm immer ähnlicher werden und immer mehr Anteil an seiner Herrlichkeit bekommen.

2. Korinther 3,18 | Die Bibel, Hoffnung für alle

Wir sollten die Bibel lesen, damit wir Jesus ähnlicher werden. Gottes Geist lebt in uns und arbeitet mit und an uns. So ist es für unsere Leben und auch für die Gemeinschaft mit Gott wichtig, seine Wahrheiten zu kennen und diese auch zu glauben. Durch das Studieren von Gottes Wort werden wir Gottes Gedanken für unser Leben immer besser kennenlernen. Und der Heilige Geist wird uns dabei führen und leiten. Das Wort Gottes hat Kraft. Wenn wir es in uns aufnehmen, indem wir es lesen, studieren oder darüber nachdenken, verändern wir uns. Wir werden immer mehr erkennen, wie Gott uns schon lange sieht: als seine geliebten Kinder. Er hat einen wunderbaren Plan und gute Gedanken für unser Leben. Ihm und seinen Wahrheiten wollen wir folgen. Auch wenn wir die Bibel nicht immer sofort verstehen, so wirkt Gottes Wort doch an und in uns. Du kannst sicher sein, dass Gott dir beim Lesen und Auseinandersetzen mit seiner Bibel begegnen wird. Denn Gott ist lebendig und liebt es, mit uns Gemeinschaft zu haben. Lerne ihn näher kennen. Durch das, was er uns gab: Seine Bibel. Sein Wort. Sein Herz.

Sag dir die Gebote immer wieder auf! Denke Tag und Nacht über sie nach, damit du dein Leben ganz nach ihnen ausrichtest. Dann wird dir alles gelingen, was du dir vornimmst.

Josua 1,8 | Die Bibel, Hoffnung für alle

Gottes Wort ist voller Leben und Kraft. Es ist schärfer als die Klinge eines beidseitig geschliffenen Schwertes, dringt es doch bis in unser Innerstes, bis in unsere Seele und unseren Geist, und trifft uns tief in Mark und Bein. Dieses Wort ist ein unbestechlicher Richter über die Gedanken und geheimsten Wünsche unseres Herzens.

Hebräer 4,12 | Die Bibel, Hoffnung für alle

Gottes Segen
Leo & Susanna

Unser Wunsch ist es, dass Du durch das Bibellesen Jesus begegnen kannst, Ihm ähnlicher wirst und dadurch Dein Umfeld positiv veränderst. Zu diesem Zweck haben wir dieses Buch geschrieben. Wir sind so dankbar, dass auch dieses Buch durch viele ehrenamtliche Mitarbeitende kreativ gestaltet worden ist. Wir staunen darüber, wie Gott mit uns auch sein Reich baut.

Gottes Segen

[illegible]

Der Erlös dieses Buches geht nicht an uns als Autoren, sondern dient vollumfänglich der Vision von ICF Church. Wir wollen sehen, wie Menschen Jesus Christus ähnlicher werden, furchtlos leben und ihr Umfeld positiv verändern.

Wie wir die Bibel verstehen

Wenn wir uns Gedanken darüber machen, wie wir die Bibel lesen wollen, ist es auch wichtig anzuschauen, wie wir die Bibel verstehen.

Die Bibel ist inspiriert

Die Bibel ermutigt uns nicht einfach nur auf einzigartige Weise, sondern ist von Gott inspiriert. Gott sprach wegweisend zu den Propheten und Aposteln und nutzte sie durch die Verfassung der biblischen Schriften auf besondere Art, um sich uns Menschen mitzuteilen. Daher ist die Bibel nicht bloß ein Buch wie jedes andere. Gott spricht durch die Bibel zu uns.

Die Bibel ist heilig

Alle Schriften der Bibel sind etwas Besonderes – eben die Heilige Schrift. Der heilige Gott zeigt sich in diesem Wort. Gottes heiliges Wirken wird in der Bibel sichtbar.

Die Bibel ist verbindlich

Obwohl die Bibel von Menschen geschrieben wurde, ist sie nicht bloß Menschenwort, sondern gleichzeitig auch Gotteswort. Wir finden in der Bibel eine Selbstmitteilung Gottes, die keinen vorläufigen, fehlerhaften oder relativen Charakter hat. Die Bibel ist Gottes Wort, auf das wir uns wirklich verlassen können und die Autorität für unsere Art zu denken, zu leben und zu handeln. Gott spricht selbstverständlich auch noch heute auf andere Weise zu uns (durch Träume, Gedanken, Gewissen, andere Menschen uvm.). Die inspirierten Worte der Bibel nehmen darin aber eine herausragende Stellung ein. Darum stellen wir unsere Meinung auch immer unter den Wahrheitsanspruch von Gottes Wort.

Die Bibel ist lebendig

Die Bibel ist das einzige Buch, das uns liest. Die Worte von Gott in der Bibel sind nicht nur ermutigend und tröstend, sondern oft auch herausfordernd oder lösen Widerstand und Unverständnis in uns aus. Wir biegen uns diese anstößigen Aussagen in der Bibel nicht zurecht, sondern sind bereit, damit auch zu ringen.

Die Bibel ist verständlich

Gott spricht durch die Bibel direkt und klar. Man braucht nicht zuerst ein Theologiestudium, um sie zu verstehen. Aber kinderleicht ist es trotzdem nicht. Darum lesen wir sie denkend, fragend und betend. Um nicht in einem subjektiven Verständnis stecken zu bleiben, lesen wir die Bibel immer auch in der Diskussion mit anderen Christen.

GOTTES
NAMEN
ERKENNEN

Gottes Namen erkennen

Wir alle leben in einer Welt, die voller Stimmen ist. Da schallt das Radio, die Gesellschaft und Social Media ununterbrochen auf uns ein. Alle kämpfen um unsere Aufmerksamkeit. Verschiedene Meinungen, wie wir über bestimmte Dinge oder über uns selbst denken und handeln sollen, sind alltäglich. Zusätzlich haben wir die eigene „Stimmen" und Gedanken im Kopf. Gedanken, die einen ermutigen oder auch abhalten, etwas zu tun oder zu lassen. Stimmen, die uns klein halten oder ängstlich machen wollen.

Mit Gottes Namen die Bibel zu lesen bedeutet, die Wahrheiten, die in seinem Namen stecken, für eine Weile denkend aufzuspüren. Du lässt bewusst deine Gedanken um die Wahrheit wie Gott ist, so lange kreisen, bis sich diese in deinen Gedanken und deinem Leben sichtbar zeigen. In der folgenden Art die Bibel zu lesen, wollen wir so einer bestimmten „Stimme" mehr Gewicht in unserem Leben geben: der Stimme der Wahrheit und des Lebens - nämlich Gott selbst.

Die Namen von Gott sind Programm

Gott wird in der Bibel mit unterschiedlichen Namen beschrieben. Diese Namen zeigen die verschiedenen Seiten seiner Art und seines Charakters auf. Wenn er sich zum Beispiel „El Shaddai" nennt, sehen wir darin, wie allmächtig Gott ist. Shaddai stammt aus der hebräischen Sprache und hat viele ausdrucksstarke Bedeutungen: „Gott des Berges", „Gott, der Feinde vernichtet", „Gott, der Selbstsichere", „Gott, der die Kinder aufzieht" oder „Gott, der Allmächtige". Wenn nun unser Vater im Himmel der Allmächtige „El Shaddai" ist: Welche Auswirkungen kann dies nun auf unser Leben und unsere Umstände und „Stimmen" in unserem Inneren haben? Unser Gott wirkt allmächtig auch in unserem persönlichen Leben. Genau so können wir auch die Bibel lesen, indem wir die Eigenschaften Gottes über unsere Situationen im Leben meditieren. Gott stellt sich mit vielen verschiedenen Namen in der Bibel vor. Lass sie uns zusammen entdecken.

Der Name über alle Namen

Jesus Christus ist der Sohn Gottes, der für uns starb und auferstanden ist. Gott hat ihm einen Ehrenplatz gegeben und er ist unser Retter. Das ist nicht nur ein Name, sondern beschreibt auch seinen Charakter und den Grund, wofür er auf die Erde gekommen ist. Dieser Name erklärt, was er vollbracht hat.

> *Deshalb hat Gott ihn auch so unvergleichlich hoch erhöht und hat ihm als Ehrentitel den Namen gegeben, der bedeutender ist als jeder andere Name. Und weil Jesus diesen Namen trägt, werden sich einmal alle vor ihm auf die Knie werfen, alle, die im Himmel, auf der Erde und unter der Erde sind.*
>
> *Philipper 2,9-10 | Die Bibel, Neue Genfer Übersetzung*

Jesus hat seinen Namen direkt von Gott bekommen (Matthäus 1,21; Philipper 2,9) und ist der Herrscher über die ganze Welt (Philipper 2,10; Offenbarung). Er ist mit Gottes Macht ausgerüstet und regiert (1. Korinther 15,28). In ihm kann der Mensch Gott finden und erkennen. Jesus Christus hat den Weg zu Gott frei gemacht und steht auf unserer Seite. Jehoschua (Kurzform Jeschua) ist der hebräische Name von Jesus. Dieser Name beinhaltet den Gottesnamen Jahwe (JHWH) und bedeutet Jeschua, „der Herr, der rettet, der Herr, der hilft, der Herr der heilt." Jesus ist Gottes Sohn und ist als Erlöser (Messias) in die Welt gekommen, um zu retten, zu helfen und zu heilen. Welche starke Aussage, wenn wir uns bewusst machen, dass Jesus selbst auf unserer Seite ist, für uns einsteht und den Weg frei gemacht hat für ein Leben in der Fülle mit Gott.

Meditiere Gottes Namen über deine Situation

Viele Sportler sagen, dass die Herausforderung in Drucksituationen selten der Druck selbst ist. Das Problem sind die inneren negativen Stimmen, die sich melden. Wer diesem Stress nichts entgegenzusetzen hat, kann noch so gut sein. Er wird in der Situation nicht sein Bestes geben können.

Nun sind einzelne Wettkämpfe sicherlich gute Ziele. Doch wie viel wichtiger ist es, dass wir ein Leben führen können, das uns nicht klein- und zurückhält, sondern, dass wir es im Sinne von Gott unserem Vater leben. So können wir die Namen Gottes anwenden, um unseren inneren Stimmen etwas entgegenzuhalten.

Als ich (Susanna) meine ersten Predigten hielt, kamen ganz viele Stimmen in meinem Inneren hoch. Alle Gedanken wollten mich davon abhalten, das, was ich mit Gott erlebt habe, anderen Menschen auf einer Bühne weiterzugeben: „Du kannst das doch nicht. Lass das lieber. Dein Mann ist Pastor und kann predigen, du aber nicht. Wer soll schon auf dich hören? Du blamierst dich nur. Leute werden dich belächeln, wenn du einen Fehler machst. Was hast du denn schon zu sagen ..." Es war recht laut in meinem Inneren und die Vorbereitungen eine riesige Herausforderung. Doch irgendwann kam ich an den Punkt, an dem ich merkte, dass es so nicht weitergehen kann. Wenn ich Angst habe und unsicher bin, habe ich doch einen Gott, der mit mir durch die schwierigen Situationen hindurch geht. Gott ist mein Fels, mein Hirte und mein Beschützer. Wovor sollte ich noch Angst haben? Ich las die Bibelverse über Gott und seine Eigenschaften ganz persönlich in meine Situation hinein. Und mehr noch: Ich nahm ganz bewusst für jeden negativen Gedanken eine göttliche Eigenschaft und einen Namen von Gott, der mir eine andere Wahrheit sagte. So kreisten meine Gedanken nicht mehr ständig nur um meine Unsicherheiten, sondern um die Sicherheiten, die ich in Gott habe. Er ist mein Versorger. Er ist mein Vater, der allmächtige Gott, der auf meiner Seite steht. Dieses Nachdenken und Meditieren haben mein Handeln verändert und gestärkt.

Das folgende Gebet soll dir zeigen, wie du anhand des Namens von Gott beten kannst. Dazu das Beispiel des Gottesnamens El Shaddai.

Gebet

Lieber Vater im Himmel. Ich danke dir von ganzem Herzen, dass du der bist, der du bist. Danke, darf ich auf deiner Seite sein und liebst du mich bedingungslos. Es tut mir leid, dass ich den negativen Stimmen oft mehr geglaubt habe als dir und deinen Wahrheiten. Ich möchte lernen, deiner Wahrheit mehr zu glauben als allen anderen. Danke, hilfst du mir dabei. Und deshalb spreche ich heute über meine Situation und meinen Umständen aus: Du bist der Gott meiner Berge, der Gott, der meine Feinde vernichtet, der Herr über allen Herren, der König über alle Könige und deshalb kann auch ich selber durch dich sicher sein. Du bist der Gott, der mich und meine Kinder aufzieht. Und du bist mein Gott, der Allmächtige, der Macht über alles hat. Ich liebe dich. Amen

Next Steps

1. Nimm deine Bibel und suche nach den Namen und Eigenschaften Gottes. Auch wenn du „normal“ in deiner Bibel liest, beachte die Charaktereigenschaften von Gott. Es kann hilfreich sein, wenn du dir die Bibelverse separat aufschreibst oder schnell griffbereit hast.
2. Beobachte deine Gedanken und dein Verhalten – gerade die negativen Stimmen, die dich klein machen oder ablenken möchten. Achte ebenso auf die Meinungen oder Einstellungen, die dich umgeben. Nun beginne genau in diesen Situationen über Gottes Namen und Eigenschaften nachzudenken. Was bedeutet das für dich? Was ist die Wahrheit? Welcher Stimme möchtest du glauben?
3. Nach und nach entwickelt sich vielleicht pro „Stimme“ eine Eigenschaft Gottes oder ein Bibelvers, der die Lügen leiser werden lässt. So kannst du diesen negativen Gedanken immer schneller eine passende Antwort geben.

Liste von Gottesnamen

Der Allerhöchste	Daniel 7,18, 27
Der Allmächtige	1. Mose 17,1
Alpha und Omega	Offenbarung 1,8; 21, 6; 22,13
Der alt an Tagen	Daniel 7,9
Der Eiferer	2. Mose 34,14
Der Fels	Psalm 18,2
Der Glückliche	1. Timotheus 1,11
Gott der Götter	5. Mose 10,17
Der Schöpfer	Psalm 149,2
Der Heilige	Sprüche 9,10
Herr der Heere	Jesaja 1,9
Der Hirte	Psalm 23,1
Der Höchste	Psalm 47,2
Vater	Matthäus 6,9

uvm.

Das Schwert zücken

Unzählige Menschen lieben historische Abenteuer- und Actionfilme. Da ist zum einen der Held, der sich mit einem Schwert den Weg freikämpft und das Land von einem Tyrannen befreit. Es geht ihm dabei nicht nur um seine Ehre, sondern vor allem auch um Gerechtigkeit. Der Held steht für das Gute ein. Immer wieder ziehen Menschen in den Kampf, um ihre Gegner zu überwinden, was meistens mit vielen Strapazen verbunden ist.

Auch die Bibel fordert uns zum guten Kampf auf. Was das genau bedeutet, wollen wir uns genauer anschauen.

Gottes Wort als Schwert

Das Wort Gottes wird in der Bibel auch als Schwert bezeichnet, das alles durchdringt. Dieses „Schwert" hat eine unvorstellbare Kraft, ist scharf und gibt uns die Fähigkeit, Feinde zu besiegen.

> *Gottes Wort ist lebendig und voller Kraft. Das schärfste beidseitig geschliffene Schwert ist nicht so scharf wie dieses Wort, das Seele und Geist und Mark und Bein durchdringt und sich als Richter unserer geheimsten Wünsche und Gedanken erweist.*
>
> *Hebräer 4,12 | Die Bibel, Neue Genfer Übersetzung*

> *Nehmt den Helm des Heils und das Schwert des Geistes, welches ist das Wort Gottes.*
>
> *Epheser 6,17 | Die Bibel, Luther*

Im Epheserbrief werden wir aufgefordert, uns für einen geistlichen Kampf zu rüsten. Der Apostel Paulus beschreibt die verschiedenen Teile der Rüstung, die uns schützen. Ebenso sollen wir das Schwert des Geistes – mit dem die Bibel gemeint ist – in die Hand nehmen. Im Urtext steht für „Wort" „rhema", was genau übersetzt „Gesprochenes" bedeutet. Darin ist ein tiefes Geheimnis verborgen. Gott möchte uns sagen, dass nicht nur die Worte, welche Gott selbst ausgesprochen hat, entscheidend sind, sondern auch die, welche wir selbst aussprechen.

Denn wenn du mit deinem Mund bekennst: „Jesus ist der Herr!", und wenn du von ganzem Herzen glaubst, dass Gott ihn von den Toten auferweckt hat, dann wirst du gerettet werden. Wer also von Herzen glaubt, wird von Gott angenommen; und wer seinen Glauben auch bekennt, der findet Rettung.

Römer 10,9-10 | Die Bibel, Hoffnung für alle

Sag dir die Gebote immer wieder auf! Denke Tag und Nacht über sie nach, damit du dein Leben ganz nach ihnen ausrichtest. Dann wird dir alles gelingen, was du dir vornimmst.

Josua 1,8 | Die Bibel, Hoffnung für alle

Indem wir immer wieder mit unserem eigenen Mund Gottes Wahrheiten proklamieren, wird dieses „Schwert" lebendig und kraftvoll. Dieses Schwert ist die einzige Waffe der geistlichen Rüstung, die in Epheser beschrieben wird. Nicht unsere eigenen Kräfte oder unsere Klugheit sind die geeigneten Waffen im Kampf gegen den Gegner, sondern das Wort Gottes. Das beste Beispiel gibt uns Jesus selbst, der auch zu dieser Waffe griff, als er von Satan versucht wurde. Dreimal besiegte Jesus den Versucher mit den simplen Worten: „Es steht geschrieben" (Matthäus 4,4;7;10).

Gegen wen kämpfen wir?

Seien wir ehrlich: Kaum jemand versteht die geistliche Welt ganz genau. Wir wissen, dass in der unsichtbaren Welt vieles abgeht: Engel und Dämonen, Festlegungen und Flüche, aber auch Segen und Sorgen, die sich an uns klammern und Gewalten und Mächte, die um uns wirken.

Denn unser Kampf richtet sich nicht gegen Wesen von Fleisch und Blut, sondern gegen die Mächte und Gewalten der Finsternis, die über die Erde herrschen, gegen das Heer der Geister in der unsichtbaren Welt, die hinter allem Bösen stehen.

Epheser 6,12 | Die Bibel, Neue Genfer Übersetzung

Wir alle befinden uns immer wieder in Situationen, die uns Probleme bereiten oder Sorgen machen. Stoße ich auf Probleme oder Herausforderungen, passiert es oft, dass mir Bibelverse oder Lieder mit Texten aus der Bibel in den Sinn kommen. Immer öfters entscheide ich mich in diesen Situationen dafür, dass ich diese Wahrheiten laut ausspreche oder singe, auch wenn ich nicht genau weiß, was in der geistlichen Welt vor sich geht. Ich glaube, dass der Heilige Geist uns führt, leitet und durch uns wirkt. Auch wenn wir es nicht immer direkt spüren und erleben. Er weiß genau, welcher Angriff gerade gegen uns oder unser Umfeld ins Feld geführt wird. Wenn wir Gottes Wort aussprechen und glauben, besitzt es die Kraft, lebendig und mächtig Situationen zu verändern.

Du kämpfst mit Worten & Glaube

Wir wissen selbst aus der Psychologie, dass das Aussprechen von Sachen und dem Glauben daran, innere Prozesse in Gang setzt. Ausgesprochene Worte bewirken unter anderem, dass

- Wunden schneller heilen.
- Herzinfarktpatienten sich schneller erholen.
- Asthma und Arthritis gelindert werden.
- Depressionen, Suchterkrankungen uvm. zur Heilung kommen.
- man seltener an Grippen und Infekten erkrankt.
- usw.

Wir beide haben vor einiger Zeit die Möglichkeit gehabt, in einem TV-Programm Lebensberatung anzubieten. So riefen uns verschiedene Menschen an und wir konnten für sie beten und ihnen mit Rat und Gedanken von Gott weiterhelfen. Ich, Susanna, erinnere mich noch sehr genau an eine recht entmutigte Frau, die uns kontaktierte. Als alleinerziehende Mutter war sie von Sozialleistungen abhängig, musste in den nächsten Tagen aus ihrer Wohnung raus und war verständlicherweise am Boden zerstört. Ihre letzte Hoffnung war das Eingreifen Gottes. Wir nahmen Anteil an ihrer Geschichte und beteten für sie. Spontan kam mir ein Bibelvers in den Sinn, den ich ihr vorlas. Selten habe ich solche Kraft in den Worten aus der Bibel gespürt:

> *Sie strahlt Kraft und Würde aus, und sie lacht und hat keine Angst vor dem kommenden Tag.*
>
> *Sprüche 31,25 | Die Bibel, Neues Leben*

Dieser Vers war so anders als die momentane Lebenssituation dieser Frau. Die Aussage hatte Kraft, sprach Leben in ihr Elend und Würde und Hoffnung in ihre Situation. Für mich war es nicht nur ein nett gemeinter Zuspruch, sondern ich habe die Kraft in Gottes Wort gespürt und zutiefst geglaubt, dass dies auch die Wahrheit für diese liebe Frau werden wird.

Deinen aktuellen Lebensumständen, die dich in Schwierigkeiten bringen wollen, kannst du aktiv entgegentreten, indem du Gottes Wort aussprichst und diesen Wahrheiten Glauben schenkst. Darum ist es hilfreich, dass du deine Bibel immer besser kennenlernst und für jede Situation Gottes Wahrheiten kennst. Ist jemand beispielsweise mürrisch und ungeduldig, werden ihm Bibelverse über finanziellen Erfolg nicht weiterhelfen. Aber Verse über Freundlichkeit und Liebe und Bibelstellen, die ihn ermutigen, sich nicht einfach gehen zu lassen, werden ihn stärken und helfen. Deshalb ist es so wichtig, sich mit dem Wort Gottes auseinanderzusetzen.

> *Euch geschehe nach eurem Glauben!*
> *Matthäus 9,29 | Die Bibel, Luther*

Wenn du beginnst, Gottes Worte auszusprechen, bekommen die Worte Kraft und stärken deinen Glauben. Ebenso hilft es dir, die Verheißungen von Gott persönlich für dich anzunehmen. Wenn wir so lernen, praktisch die Bibel zu lesen, verändert es nicht nur unseren Alltag, sondern auf lange Sicht unser ganzes Leben.

Gebet

Lieber Vater im Himmel. ich verliere mich häufig in der Fülle meiner Gedanken. Doch du hast mich mit deinem Wort zu diesem Kampf ausgerüstet! Komm Heiliger Geist. Ich danke dir, dass du mir so viel anvertraut hast. Ich muss keine Angst vor Umständen oder Schwierigkeiten haben, denn dein Wort hat lebensverändernde Kraft und du stehst an meiner Seite. Ich glaube und vertraue dir. Danke. Ich liebe dich. Amen

Next Steps

1. Wenn du einen Abschnitt aus der Bibel liest, lies ihn dir selbst laut vor.
2. Suche dir für verschiedene Lebenslagen passende Bibelstellen. Nutze doch dazu auch eine Konkordanz oder www.bibleserver.com. Was denkt Gott über dich als Person, deine Familie, dein Handeln, usw.?

Was ist Gottes Plan für dein Leben, deine Ressourcen, deine Finanzen, dein Sexleben, usw.?

3. Lerne in herausfordernden Situationen und Schwierigkeiten folgende Bibelverse laut auszusprechen. Beginne Gott und seinem Wort zu glauben.

Bibelverse für Situationen

Sorgen: Matthäus 6,25 | Psalm 94,19 | Psalm 38,10

Angst: Psalm 4,9 | Philipper 4,6-7 | Matthäus 11:28 | Philipper 4,6-7 | 2. Timotheus 1,7 | Jesaja 41,10 | 1. Petrus 5,7 | 1. Korinther 10,13 | Sprichwörter 3,5-6 Psalmen 27,1-5 | Psalm 34,18 | Psalm 56,4 | Psalm 91

Kraftlos: Jesaja 40,31| Philipper 4,13 | 2. Korinther 12:9

Finanznot: Sprüche 10,22 | Matthäus 6,26

Krankheit: Markus 9,23 | Jakobus 5,14-15 | Jakobus 5,16

Kummer und Leid: 2. Korinther 1,3-4 | Matthäus 5,4

Hilfe: 2. Samuel 22,0 | Jesaja 25,1

Einsamkeit: *Psa*lm 23

Ungeliebt: Johannes 3,16 | Johannes 15,13 | Jeremia 31,3

Zuflucht: *P*salm 18,3 | Psalm 18,31-33 | Psalm 31:4-6

Leitung: Psalm 25,4 | Psalm 32,8

Reise: Psalm 121

Selbstwert: *1.* Mose 1,27 | Zefanja 3,17 | Epheser 1,11 | Psalm 139,15-16

Ich bin der Weg und die Wahrheit und das Leben.
Niemand kommt zum Vater als nur durch mich.
Johannes 14, 6
1200
Johannes 12.13
Welt zu richten, sondern damit ich die
Welt rette.
48 Wer mich verwirft und meine Worte
nicht annimmt, der hat schon seinen
Richter: Das Wort, das ich geredet habe,
das wird ihn richten am letzten Tag.
49 Denn ich habe nicht aus mir selbst
geredet, sondern der Vater, der mich ge-
sandt hat, er hat mir ein Gebot gegeben,
was ich sagen und was ich reden soll.
50 Und ich weiß, dass sein Gebot ewiges
nicht nur meine Füße, sondern auch die
Hände und das Haupt!
10 Jesus spricht zu ihm: Wer gebadet ist,
hat es nicht nötig, gewaschen zu wer-
den, ausgenommen die Füße, sondern
er ist ganz rein. Und ihr seid rein, aber
nicht alle.
11 Denn er kannte seinen Verräter; dar-
um sagte er: Ihr seid nicht alle rein.
12 Nachdem er nun ihre Füße gewa-
schen und sein Obergewand angezogen
hatte, setzte er sich wieder zu Tisch und
Johannes 13.14
1201
22 Da sahen die Jünger einander an und
wussten nicht, von wem er redete.
23 Einer seiner Jünger aber, den Jesus
liebte, hatte (bei Tisch) seinen Platz an
der Seite Jesu.
24 Diesem winkt nun Simon Petrus,
dass er forschen solle, wer es sei, von
dem er rede.
25 Da lehnt sich jener an die Brust Jesu
und spricht zu ihm: Herr, wer ist's?
26 Jesus antwortete: Der ist's, dem ich
dass ihr meine Jünger seid, wenn ihr
Liebe untereinander habt.
Die Ankündigung der Verleugnung durch
Petrus
Mt 26,31-35; Mk 14,27-31; Lk 22,31-34
36 Simon Petrus spricht zu ihm: Herr,
wohin gehst du? Jesus antwortete ihm:
Wohin ich gehe, dorthin kannst du mir
jetzt nicht folgen; du wirst mir aber spä-
ter folgen.

Tagesverse meditieren

Über diese Art, die Bibel zu lesen, werden sich alle freuen, die nicht gerne viel lesen. Es geht jeweils nur um einen einzelnen Vers. Aber aufgepasst, diese Art hat es in sich. Denn je mehr und genauer du hinschaust, umso mehr und deutlicher wird Gottes persönliches Reden für dich.

Viele Christen nehmen sich mindestens einmal am Tag einen Moment, um „Stille Zeit" zu machen. Dieser Ausdruck verbinden viele damit, bei Gott zur Ruhe zu kommen und den Tag nach ihm auszurichten. Ebenso ist diese Zeit mit Gott der Augenblick, an dem du wieder neue Kraft bekommst: spirituell, mental, physisch und emotional. Denn wenn wir mit dem Schöpfer des Universums zusammenkommen, dem Ursprung allen Lebens, färbt das auf unser Leben ab.

Gestalte deine Zeit mit Gott

Manche nehmen sich bewusst am Morgen 15–30 Minuten Zeit, um mit Gott zu reden und in der Bibel zu lesen. Vielleicht bist du eher der Abendmensch und für dich sind die späteren Stunden am Tag besser – dann nutze diese. Bei all dem geht es darum, die Beziehung zu unserem himmlischen Vater zu pflegen. Du kannst dafür folgende hilfreiche Struktur nutzen:
A – Ausstrecken nach Gott
B – Beten (kurz)
C – Checken, was im Text steht (lesen)
D – Darüber nachdenken
E – Einprägen
F – Festhalten, was mir klar wurde
G – Gebetszeit (Anbetung, Bekenntnis, Fürbitte, Hingabe)

Ich (Susanna) möchte dir hier ein kurzes Beispiel meiner persönlichen Stillen Zeit mit Gott geben. Dies soll dir eine Möglichkeit aufzeigen, wie du mit deiner Art deine Beziehung mit Gott pflegen kannst.

A – Ausstrecken nach Gott

Zu Beginn höre ich oft ein, zwei Worshipsongs aus meiner persönlichen Playlist. Ich setze mich hin, schließe die Augen und beginne die Texte mitzubeten.

So kommen manchmal einzelne Zeilen tief in mein Herz und zeigen mir, was mich eigentlich beschäftigt; und manchmal macht es mich einfach nur ruhig. Ich möchte meinem Gott begegnen. Diese Anbetungslieder helfen mir dabei.

B - Beten

Nun bete ich kurz mit meinen eigenen Worten. Ich danke ihm für seine Liebe und die großartige Möglichkeit, ihm da, wo ich gerade bin, zu begegnen. Meistens purzeln hier auch schon meine Anliegen heraus, was mich beschäftigt oder was mir schwerfällt. Es hat sich auch bewährt, diese Dinge aufzuschreiben. Ich bitte ihn, dass er mich in dieser Zeit führt und leitet.

C - Checken, was im Text steht

Nun fokussiere ich mich auf einen Tagesvers. Solche Verse für den Tag findest du an verschiedenen Orten (YouVersion, Bible App, Losungsbuch usw.). Du kannst auch einfach einen Vers nehmen, der dir „über den Weg läuft“. Bei mir war es nun folgender Tagesvers:

> *Der Herr segne dich und behüte dich! Der Herr blicke dich freundlich an und sei dir gnädig! Der Herr wende sich dir in Liebe zu und gebe dir Frieden!*
>
> *4. Mose 6,24-26 | Die Bibel, Hoffnung für alle*

D - Darüber nachdenken

Nun geht es darum, sich über den Vers Gedanken zu machen. Was spricht einen direkt an? Was stört einen? Was steht dort wirklich drin? Wer wird angesprochen? Ich habe den Vers zuerst auf mich persönlich bezogen und dementsprechend umformuliert:

> *Der Herr segne Susanna und behüte sie! Der Herr blicke Susanna freundlich an und sei Susanna gnädig! Der Herr wende sich Susanna in Liebe zu und gebe ihr Frieden!*
>
> *nach 4. Mose 6,24-26 | Die Bibel, Hoffnung für alle*

Dabei fiel mir plötzlich das Wort „Segen“ auf und ich forschte dazu ein wenig im Internet nach. Eine Aussage, auf die ich stieß, war: „... durch ein Gebet Anteil an göttlicher Kraft oder Gnade bekommen.“ Das hat mich wiederum zur Gnade gebracht und ich habe Synonyme dazu gegoogelt:

- Entgegenkommen
- Freundlichkeit
- Erbarmen
- Mitgefühl
- Straferlass
- verzeihen
- Gunst
- Güte
- Milde
- Begnadigung
- Barmherzigkeit
- uvm.

Auf einmal wurde dieser eine kurze Vers noch viel lebendiger für mich. Ich dachte darüber nach, was er bedeutet und was Gott für mich damit gemeint hat. Das brachte mich dann dazu, Gott zu danken: „Gott, du segnest mich, du kommst mir entgegen, du schenkst mir deine Freundlichkeit, du verzeihst mir, ich darf deine Güte erleben. Danke."

E - Einprägen

Durch dieses Erlebnis begann sich der Bibeltext bei mir einzuprägen. Ich bekam eine Vorstellung davon, was Segen bedeutet. Das Nachdenken und Einprägen verlief fließend.

Das war jetzt nur ein Wort im Bibeltext. In diesem einen Vers gibt es aber noch viel mehr Worte. Und je nach Zeit kannst du diese auch noch nachschlagen. Durch das Studieren über die Aussagen von Gott wird mir jeweils ein Aspekt deutlich, den ich behalten will.

F - Festhalten

Vom Einprägen der Aussage geht es nun mehr und mehr ins Glauben und Festhalten. Glaube ich, dass Gott mir diesen Segen schenkt? Glaube ich, dass er mich freundlich anblickt und mir Frieden gibt? Dieses Festhalten bedeutet, sich am Wort Gottes auszurichten und ihm zu vertrauen. Ganz praktisch für den Tag. Der Vers soll meine persönliche Alltagssituation prägen. Gerade auch in Bezug auf die Anliegen und Gedanken, die ich schon beim Beten (siehe oben) vor Gott gebracht habe. Diese Verknüpfung des Textes mit dem eigenen Leben schafft langfristige Veränderungen.

G - Gebet

Beim Gebet geht es um das Gespräch mit Gott über seine Aussage. Und natürlich um die Beziehungspflege und das Hin- und Ablegen von verschiedenen Punkten oder Sorgen für diesen Tag. Ich spreche im Gebet konkret aus, was mir bewusst geworden ist und halte meiner Kraftlosigkeit seine Freundlichkeit entgegen. Ich spreche im Gebet ganz konkret, was der Tagesvers für Auswirkungen auf meinen Alltag haben soll. Und so hilft mir dieser Vers, meine Sorgen, meine Erwartungen, meine Bedenken Gott zu erzählen.

Es gibt immer Personen in meinem Umfeld, denen ich die gleiche Gottesbegegnung auch wünsche. So bete ich den Vers auch für sie und manchmal schicke ich ihnen diesen dann auch zu.

Gebet

Lieber Vater im Himmel. Ich danke dir, dass so viel Kraft in einem einzelnen Vers aus der Bibel steckt. Ich möchte lernen, deine Weisheit und Liebe darin jeden Tag neu zu entdecken. Bitte hilf mir, diese Zeit mit dir so zu gestalten, dass es unserer Beziehung guttut und wir uns immer besser kennenlernen können. Ich will mit dir mein Leben gestalten. Danke, bist du bei mir. Amen

Next Steps

1. Nimm dir bewusst Zeit für deine „Zeit mit Gott“ und suche dir einen Tagesvers heraus.
2. Gehe das ABC der „Stillen Zeit“ einmal durch. Nutze dafür beispielsweise ein Notizbuch oder dein Handy, um deine Gedanken aufzuschreiben.

Suchend lesen

Vielleicht kennst du das, dass du deinen Schlüssel verlegt hast und keine Ahnung hast, wo du ihn zuletzt hingelegt hast. So durchforstest du das ganze Haus, kramst in allen Taschen danach und bist dann überglücklich, wenn du ihn endlich gefunden hast. Um ehrlich zu sein: Ich finde es recht mühsam nach einem Schlüssel zu suchen. Gleichzeitig bleiben aber ohne entsprechende Schlüssel recht viele Türen im Alltag zu. Ich (Susanna) habe auch schon die Erfahrung gemacht, dass ich beim Suchen eines Schlüssels ganz konkret den Heiligen Geist um Hilfe fragen kann und er mich auch dabei unterstützt. Was für manche vielleicht irritierend wirkt, liebe ich. Denn Gott weiß doch, wo meine Schlüssel liegen, wo sich der verlorene Ohrring oder wo sich die heruntergefallenen weißen Kopfhörer im tiefen Schnee befinden.

Wenn wir jetzt „suchend" die Bibel lesen wollen, gibt es ein paar kleine Parallelen mit einer Schlüsselsuche. Denn wenn wir verschiedene „Schlüssel-Bibelverse" für bestimmte verschlossene Situationen im Leben gefunden haben, verändert es unseren Alltag. Welche Tür ist in deinem Leben vielleicht gerade zu? Was beschäftigt dich gerade? Wo kommst du nicht weiter? Welches Thema brennt dir gerade unter den Nägeln? Was auch immer dich beschäftigt: Beginne mit der Suche – in Gottes Wort. Auch diese Suche kann sich für dich unterwegs mal mühsam anfühlen. Aber bleib dran! Denn es wird dein Leben verändern.

Wonach suchst du?

Jeden von uns beschäftigt – je nach Lebenssituation – etwas anderes. Die einen mögen vielleicht auf der Suche nach Gottes Anweisungen für ihre Familie sein. Die anderen brauchen eine Ermutigung für sich selbst. Vielleicht brauchst du eine neue Vision für die nächsten Schritte in deinem Leben. Was denkt Gott über dieses und jenes, für das du Verantwortung übernehmen musst? usw. Mache dir bewusst, was gerade dein Thema ist, für das du Antworten brauchst. Sei es eine Not oder auch eine Neuausrichtung.

Für mich, Susanna, war gerade das Thema „Frieden" wichtig geworden. Wir alle kennen das: Wir wünschen uns, aus der Ruhe heraus zu agieren und zu leben, aber so schnell reagieren wir anders. Was meint Gott wirklich, wenn er von Frieden spricht? Was kann ich machen, dass der göttliche Friede in mir bleibt? Mit diesem klaren Thema beginne ich nun, in der Bibel zu suchen.

Wie suchst du?

Sammle Bibelverse

Heutzutage ist es mit Online Tools (z.B. Bibleserver.com, usw.) einfach, Bibelverse nach Themen zu suchen. Aber auch mit einer Konkordanz kannst du nach Begriffen forschen. Trage also Bibelverse für dein Thema zusammen. Diese können das Wort an sich beinhalten oder über das Thema sprechen. Achte auch darauf, dass der ausgewählte Vers in einem Zusammenhang mit Versen davor und danach steht.

Entdecke Aussagen

Nun habe ich für mein Thema Frieden schnell ein paar Verse gefunden. Diese Bibeltexte schaue ich mir genau an und versuche die Hauptaussage für mich zusammenzufassen. Welche Antworten gibt mir der Text auf meine Frage und Situation?

> *Macht euch keine Sorgen, sondern wendet euch in jeder Lage an Gott und bringt eure Bitten vor ihn. Tut es mit Dank für das, was er euch geschenkt hat. Dann wird der Frieden Gottes, der alles menschliche Begreifen weit übersteigt, euer Denken und Wollen im Guten bewahren, geborgen in der Gemeinschaft mit Jesus Christus.*
>
> *Philipper 4,6-7 | Die Bibel, Gute Nachricht*

Die Hauptaussage, die ich für mein Thema gefunden habe, war: Ich soll Gott sagen, was mir fehlt und ihm danken, dann wird der Friede von Gott mich bewahren.

> *Dies alles habe ich euch gesagt, damit ihr in meinem Frieden geborgen seid. In der Welt wird man euch hart zusetzen, aber verliert nicht den Mut: Ich habe die Welt besiegt!*
>
> *Johannes 16,33 | Die Bibel, Neues Leben*

Hier war die Aussage für mein Thema: Es ist im Leben schwierig, aber sein Friede umgibt mich wie ein Schutz.

Der Herr selbst aber, von dem aller Frieden kommt, schenke euch jederzeit und auf jede Weise seinen Frieden. Der Herr stehe euch allen bei!
2. Thessalonicher 3,16 | Die Bibel, Neues Leben

Und hier habe ich Folgendes herausgelesen: Der Friede kommt immer von Gott. Seinen Frieden zu bekommen, ist jederzeit möglich.

Es gibt noch so viel mehr Bibelverse zum Thema Frieden. Aber als Beispiel wird hier schon klar, wie man sich auf die Suche nach Gottes Wahrheiten begeben kann.

Vertiefe Gottes Aussagen

Nach und nach habe ich ein besseres Verständnis zum Thema entwickelt und habe eine Vorstellung davon, was Gott meint, wenn er von Frieden spricht. Mir hilft es auch immer, wenn ich einfach nach dem Thema oder dem Wort im Internet suche. Was ist die Wortbedeutung? Welche Bibelauslegungen gibt es zu dem Thema? Passt das zu meinen Vorstellungen, die ich von Gott habe?

In meiner Suche habe ich beispielsweise die Wortbedeutung des Wortes „Frieden" gefunden, in den Sprachen, in der der Grundtext der Bibel geschrieben worden ist. So gibt es u.a. das hebräische Wort Schalom und auch das griechische Wort eirēnē. Schalom bedeutet: umfassendes Glück, Gesundheit und Wohlergehen des Einzelnen und der Gemeinschaft, gelungenes Leben in gelungenen Beziehungen - zu anderen Menschen, zu sich selbst und zu Gott. Und das griechische Wort betont mehr Frieden als Gegensatz und die Abwesenheit von Streit. Wir sind nicht mehr „im Streit" mit Gott, sondern haben nun Frieden und Gemeinschaft mit ihm.

Bei meiner Suche und meinem Forschen hat sich aufgrund der Texte folgendes Bild entwickelt:

- Frieden kommt immer von Gott.
- Frieden ist ein Geschenk von Gott.
- Frieden kann man sich nicht verdienen.
- Frieden ist die Abwesenheit von Streit und Trennung.
- Frieden kommt von Gott zu mir bis in mein tiefstes Innerstes hinein.
- Frieden ist jederzeit möglich.

Wie öffnest du die „Tür"?
Nach dem Sammeln und Vertiefen geht es nun darum, die Aussagen der Bibel auch im Leben anzuwenden. Es bringt nichts, wenn wir die tollsten Erkenntnisse aus der Bibel haben, diese aber nicht auf unser Leben anwenden und mit den „Schlüsseln" unsere verschlossenen Türen im Leben öffnen.

Meine Vorstellung von Frieden – wie ich ihn aus der Bibel verstehe – ist, dass er ein Geschenk von Gott ist. Wie es sich anfühlt, ein tolles Geschenk zu bekommen, kennen wir alle. Wann immer ich nun unruhig werde, dann stelle ich mir vor, dass Jesus vor mir steht und mir seinen Frieden als Geschenk anbietet. Wie einen verlorenen Schlüssel darf ich ihn nehmen und über die entsprechenden Umstände von Unruhe mit diesem Schlüssel der Wahrheiten Gottes Frieden aufschließen. So halte ich kurz inne und verinnerliche, wie sich meine Gedanken gegenüber der Situation nun verändern. Ebenso habe ich durch meine Suche verstanden, dass es mein Status ist, im Frieden mit Gott zu sein und nicht im Streit. Diese Gelassenheit, die dadurch entsteht, lässt mich aufblühen. Es gilt nun, diese Wahrheiten des Friedens im Alltag immer wieder einzuüben. Denn die Umstände sagen mir oft etwas ganz anderes. Doch durch Gottes Frieden nimmt Gottes Kraft in uns zu und wir werden innerlich stark. Mit all diesen Wahrheiten von Gottes Aussagen suche ich nun nach Situationen in meinem Leben, in denen ich diese benötige. Bei meinem Beispiel mit dem Frieden entdecke ich viele Momente, in denen ich mich danach sehne. Diese Herausforderungen stelle ich mir nun bewusst vor: sei es die Überforderung bei einzelnen Entscheidungen, die Unruhe bei einem schweren Gespräch oder die Hilflosigkeit, die sich bei einer großen Aufgabe in der Familie einstellen will. Gedanklich nehme ich diese Situationen hervor und spreche die neu gefundenen Gedanken von Gott hinein. Ich mache mir bewusst, wie Jesus mir diesen Frieden für das schwierige Gespräch gibt und ich ihn für mich in Anspruch nehmen kann. All das tue ich, damit ich jetzt schon in meiner Zeit mit Gott lernen kann, mich so zu verhalten, wie es mir guttut. Denn wenn die schwierigen Momente im Leben da sind, weiß ich um die guten Gedanken von Gott und die Kraft von seinem Wort. Es wird natürlich, spür- und erlebbar.

Wer sucht, der findet. Und wer anklopft, dem wird geöffnet.
Matthäus 7,8 | Die Bibel, Hoffnung für alle

Gebet

Lieber Vater im Himmel. Ich bin dir so dankbar dafür, dass du mir mit Rat und Tat zur Seite stehst. Heiliger Geist, du lässt mich nicht im Dunkeln, sondern zeigst mir den Schlüssel und hilfst mir damit, verschlossene Türen zu öffnen. Damit schenkst du mir Klarheit für meine Situationen im Leben. Ich will nach deinem Willen leben. Ich liebe dich. Amen

Next Steps

1. Nimm ein Thema, welches dich gerade beschäftigt und versuche, dieses Gefühl klar zu benennen.
2. Suche in der Bibel nach Aussagen zu deinem Thema. Vertiefe deine Suche mit weiteren Hilfsmitteln.
3. Wende deine Ergebnisse auf deine Situation an. Gehe kleine Schritte, Gottes Wahrheiten in deinem Leben umzusetzen.

LM 121
INSPIRATION DURCH BILDER
VEL - LIFESTYLE - WORL
HION - POLITICS - RELIGION - NEWS
Bilder können einem ganz neue Inspiration liefern wie
man die Bibel sehen/verstehen kann. Man sagt auch, ein
Bild sagt mehr als Tausend Worte. Warum also verwen-
den wir nicht Bilder und lassen diese für uns sprechen?
Videoproduzent Emanuel (24) nutzt Gottes
for the Creator" er nutzt die Kre
Bibelverse die Aussagekräf
ten Vers aus
beispielsweise mit der
dazu ein schönes
nisse zu befriedigen. Paulus
nicht arbeiten will, soll er auch n
Auch sollten wir daraus nicht
Bauern falsch ist, zu säen,
Diese Tätigkeiten sind ei
seiner gegenwärtigen
tet, ist, viele Scheun
kunft unabhängi
er in seiner Ge
12,16-24 ve
bundes wi

Inspiration durch Bilder

Alle von uns haben gewisse Vorlieben, Träume und Wünsche. Und da blättert man vielleicht im Warteraum eines Arztes in einer Zeitschrift herum und stößt auf einen Bericht oder ein Bild, das einen anspricht. Das sieht bei jeder Person etwas anders aus. Die einen bleiben bei den Celebrities hängen, andere bei Kochrezepten und wieder andere bei den Tests für die neuesten Autos oder Gadgets. Vielleicht ist es auch die Ästhetik, die einen auf einer Seite verweilen lässt. Oder aber etwas ganz anderes. Aber was haben nun Zeitschriften mit der Bibel und Gottes Wort zu tun? Vielleicht mehr, als du denkst ...

Anhand von Bildern aus Zeitschriften wollen wir Gott erleben. Dieser bildliche Ansatz wird auch oft in der Psychologie verwendet. Denn man kommt dadurch oft schneller an ein Gefühl oder tieferliegendes Bedürfnis heran. Wenn wir nun diesen Ansatz nutzen, indem wir uns vom Heiligen Geist leiten lassen, kann etwas Außergewöhnliches passieren: Gott begegnet uns neu. Diese Form an die Bibel heranzugehen, ist für manche vielleicht ungewöhnlich. Aber ich möchte dir Mut machen, es einmal auszuprobieren. Es könnte dich positiv überraschen.

Suche dir ein Bild
Blättere ein paar Zeitschriften durch und schaue, welches Bild dich gerade anspricht. Denke dabei nicht zu viel nach, sondern suche dir einfach spontan ein Bild heraus. Falls du keine Zeitschriften zur Hand hast oder dich die Inhalte zu schnell ablenken, sammle dir doch zum Beispiel in einer kleinen Box verschiedene Bilder aus alten Zeitungen, Katalogen usw.

Gib deinem Bild einen Text
Nun schreibe dir ein paar Stichworte zu dem Bild auf. Was ist da darauf zu sehen? Was fällt dir spontan dazu ein? Was verbindest du persönlich mit diesem Bild?

Erkenne zum Bild dein Gefühl
Wenn du das Bild so anschaust: Welches Gefühl entsteht bei dir dabei, was löst das Bild aus? Ist es Freude und du wirst hoffnungsvoll oder ist es eher

irritierend? Welches Gefühl verbindest du vielleicht mit der Situation auf dem Bild? Ist es Angst, Freude, Wut, Ruhe, Trauer oder Mut? Schreibe auch dieses Gefühl für dich auf.

Gib deinem Bild einen Titel

Wenn du das Bild jetzt weiter so mit deinen Stichworten und Gefühlen betrachtest: Welchen Titel würdest du über das Bild schreiben? Ist es vielleicht: „Ein Traum von einem Urlaub!", „Endlich Aufatmen!", „Das ist Freude" oder „Sowas will ich nie erleben"?

Denk über dein Bild nach

Nun hast du das Bild, ein Gefühl und verschiedene Texte dazu. Jetzt geht es darum, was du persönlich weiter damit verbindest. Kommt vielleicht eine Sehnsucht hoch oder gibt es Parallelen zu deiner momentanen Lebenssituation? Was geht dir weiter durch den Kopf?

Welcher Bibelvers kommt dir in den Sinn?

Nachdem du nun diese Aufgaben gemacht hast, überlege dir einmal, welcher Bibelvers dir jetzt dazu in den Sinn kommt. Du musst nicht so viele Bibelverse auswendig kennen. Denn ich bin davon überzeugt, dass der Heilige Geist dir etwas Hilfreiches in den Sinn kommen lässt. Sei es ein Bruchstück einer Wahrheit oder ein ganzer Vers. Suche diesen Bibeltext.

Dieser Zugang ist nicht nur ein kreativer, sondern auch ein prophetischer. Das mag dich vielleicht irritieren, aber Gott führt und leitet uns alle. Manchmal sind wir selbst so in den eigenen Gedanken und Vorstellungen gefangen, dass die unkonventionelle Möglichkeit mit einem Bild uns hilft, auf die Punkte im eigenen Leben aufmerksam gemacht zu werden, auf die wir von selbst nie gekommen wären. Ebenso geben wir – ohne uns durch unsere eigenen „Wertvorstellungen" zu blockieren – dem Heiligen Geist Raum, etwas anzusprechen. Denn so schnell legen wir Gedanken – von denen wir meinen, dass sie nicht „korrekt" sind – zur Seite, anstatt diese mit Gott zusammen zu besprechen.

Als ich, Susanna, diese Form des Bibellesens praktiziert hatte, lagen vor mir auf einem Tisch unzählige Bilder aus Zeitschriften und ich suchte eines davon aus. Mir fiel ein Bild auf, das eine bunte Reihe von Strandholzhäusern zeigte. Dazu kam mir in den Sinn: Urlaub, ausruhen, entspannen. Diese Stichworte schrieb ich auf. Irgendwie löste das eine Sehnsucht in mir aus, Urlaub machen zu können. Den Titel für das Bild wählte ich mit: „Urlaub – meine Rettung". Vielleicht mag das für manche banal klingen: Man sieht ein schönes Bild von einem Ort, wo man Urlaub machen möchte... Aber es ging weiter. Denn als ich das Bild genauer anschaute, sah ich, dass die Holzhäuser nur von der Rückseite abgebildet waren. Mir schoss es in den Kopf: „Ich kann da ja gar nicht hinein, um mich zu erholen. Wird mir Erholung verwehrt?" Nun kam der Teil mit der Bibelstelle. Da die Häuser keine Türen hatten, kam mir der bekannte Vers in den Sinn, in dem es um *die* Tür geht:

> *Ich allein bin die Tür. Wer durch mich zu meiner Herde kommt, der wird gerettet werden. Er kann durch diese Tür ein- und ausgehen, und er wird saftig grüne Weiden finden.*
>
> *Johannes 10,9 | Die Bibel, Hoffnung für alle*

Durch dieses Foto aus einer Zeitschrift hat Gott zu mir gesprochen. Er hat mir bewusst gemacht, dass Erholung, Ruhe und Entspannung nicht vom Urlaub abhängig sind. Es gibt immer Zeiten, in denen es nicht möglich ist, eine Auszeit zu nehmen, auch wenn man sich danach fühlt. Nein, wann immer ich zu Jesus komme, ist Erholung bei ihm zu finden. Er führt mich an Orte, an denen ich zur Ruhe und zu Kräften komme. Er gibt mir Weisheit für mein gesamtes Leben, damit ich es so gestalten kann, dass ich und mein Umfeld aufblühen. Jesus ist die Tür. Nicht nur zu Gott dem Vater, sondern auch zu dem Ort des Friedens, der Freiheit, der Ruhe und der Entspannung.

Diese Form, mit Bildern aus einer Zeitschrift Gott zu erleben, ist eine kreative und unkonventionelle Art, die Bibel zu lesen. Aber sie ermöglicht uns – mit Hilfe vom Heiligen Geist – an Themen zu kommen, die vielleicht in unserem Unterbewusstsein verborgen sind. Gott führt die Dinge liebevoll ans Licht und leitet uns in eine neue Freiheit hinein. Gott nutzt jede erdenkliche Möglichkeit, um mit uns zu sprechen: durch Kunst, Kreativität, andere Menschen oder Bilder. Dies alles dient dazu, damit er uns seine liebevolle Botschaft weitergeben kann.

Gebet

Lieber Vater im Himmel. Danke, kennst du mich von Grund auf und nimmst mich so an, wie ich bin. Ich bin so dankbar, dass du auf so kreative Art und Weise zu mir sprichst. Dir ist nichts unmöglich. Ich bin offen für dein Reden, deine Weisung und deine Wahrheit in meinem Leben. Danke, darf ich von dir lernen und meinst du es gut mit mir. Danke, sprichst du auch heute zu mir. Amen

Next Steps

1. Nutze eine Auswahl an Bildern und suche dir eines aus, das dich in irgendeiner Form anspricht. Gehe anschließend die oben genannten Punkte dazu durch.
2. Lies und vertiefe das Thema mit dem Bibelvers, der dir dazu in den Sinn kommt. Schreibe dir auf, was der Bibelvers in deiner Situation für Antworten bereit hält.

J19

Zufällig lesen

Sehr viele Menschen haben schon einmal spontan die Bibel aufgeschlagen und angefangen dort zu lesen, wo der Finger drauf zeigte. Das taten sie mit der Hoffnung, dass Gott ihnen direkt Antworten für ihr Leben gibt. Dies geschieht meist in einer Notsituation, einer Überforderung oder Hilflosigkeit. Sei es, dass man das Gefühl hat, Gott rede nicht mehr klar zu einem oder man um Antworten ringt. Manche Gläubige lehnen diese Art, an die Bibel heranzugehen, ab. Es wirkt ein wenig wie einen Glückskeks zu ziehen oder sich nur die Dinge herauszupicken, die man gerade hören will. Aber warum sind wir so schnell mit dem Verurteilen, anstatt zu erkennen, wie groß Gottes Gnade und Liebe zu uns ist. Im Alten Testament wurden oft Lose über eine Entscheidung gezogen. Dies geschah mit dem Glauben, dass Gott dadurch führen kann. Nun haben wir den Heiligen Geist, der uns leitet und zu uns spricht. Und wenn die eigenen Gedanken und Gefühle mal im Weg stehen oder man auch nur mal etwas Neues ausprobieren möchte, kann dieser „zufällige" Zugang zur Bibel recht geistgeführt in unser Leben sprechen. Denn Zufall ist das, was uns von Gott zufällt ... oder?

Lies Verse per Zufall

Es fühlt sich für manche langjährige Gläubige ungewöhnlich an; trotzdem möchte ich dich ermutigen, es mal zu versuchen. Lies die Bibel nicht systematisch oder im Zusammenhang, sondern schlage sie per Zufall auf. Tippe wie ein Adler auf eine Stelle und beginne die Stelle zu lesen. Das kannst du für eine bestimmte Situation in deinem Leben tun oder auch nur, weil du jetzt Zeit mit Gott persönlich verbringen möchtest. Nimm nun den Text und lies ihn auf zwei völlig verschiedene Arten und Weisen.

Lies die Verse prophetisch

Wir haben das alle schon einmal erlebt: Wir lesen einen Text und dieser spricht konkret in eine persönliche Situation hinein. Das kann ein einzelnes Wort sein oder auch eine Aussage im Text. Lies den Bibelabschnitt, den du ausgewählt hast und sei feinfühlig für Gottes Reden. Spricht dich etwas im Text an? Gibt er dir eine Antwort auf eine konkrete Frage? Was löst der Text für ein Gefühl aus? Lass es zu, dass dieser Vers direkt zu dir sprechen kann.

Es ist üblich, dass man anders an einen Bibeltext herangeht. Man versucht zu verstehen, was dort wirklich geschah und was ausgesagt wird. Das ist meistens auch sehr zu empfehlen. Doch bei dieser „zufälligen" Art wollen wir uns bewusst darauf einlassen, dass Gott zu uns spricht. So kann dir zum Beispiel ein Wort ins Auge fallen, das dir eine klare Orientierung gibt. Auch wenn die Aussage so an sich nicht explizit in dem Text steht. Wir wollen das nicht kopflos tun, sondern in dem Vertrauen, dass der Heilige Geist führt, leitet und spricht. Vertraue darauf.

Lies die Verse sachlich

Nimm nun denselben Text und beachte jetzt den Zusammenhang, in dem er steht und um was es genau geht. Anschließend analysiere den Abschnitt, um folgende Punkte zu beantworten.

UP – Deine Beziehung zu Gott

Was sagt der Text über deine Beziehung zu Gott aus? Ändert sich aufgrund der Verse deine Sicht zu ihm? Von welchem Aspekt eurer Beziehung spricht der Bibeltext?

IN – Deine Beziehung zu dir und anderen

Was wird dir aufgrund des Textes deutlich für deinen Umgang mit dir selbst und anderen Menschen? Wie haben sich die Leute in dem Bibeltext verhalten? Was könntest du tun oder lassen?

OUT – Dein Einsatz für andere

Fordert dich der Text zu etwas auf? Was wäre ein nächster Schritt? Was kannst du von dem Text lernen?

Du hast jetzt über deinen zufällig ausgewählten Text und dessen Inhalt ein klareres Bild. Ebenso wird dieser Abschnitt konkret für dein persönliches Leben.

Wenn du nun mit diesen beiden Arten den Bibeltext gelesen hast, frage dich, was du für dich herausnehmen kannst. Ich (Susanna) erinnere mich noch gut daran, wie ich dieses Zufallsprinzip vor Jahren angewandt habe. Zuvor sprach ich ein Gebet: „Lieber Gott, sprich zu mir, einfach so!" und dann schlug ich die Bibel auf. Spannenderweise bin ich zweimal in kurzen Abständen auf einen sehr ähnlichen Bibelvers gestoßen. In diesen ging es darum, dass Paulus nicht nach Jerusalem ging. Wollte mir Gott etwas prophetisch mitteilen? Ich forschte etwas weiter im Text. Bei Paulus ging es um eine Reise, auf die er nicht ging. Nun hatte ich selbst nicht vor, nach Jerusalem zu reisen und konnte eigentlich nichts mit diesen Versen anfangen. Was wir jedoch planten, war eine Reise zu einer Konferenz in Chicago, die wir mit unserem Team besuchen wollten. Unser Sohn Simon war zu dieser Zeit erst ein paar Wochen alt. Aufgrund der Verse haben wir dann entschieden, dass Leo allein mit dem Team fährt und ich mit Klein-Simon für unseren geplanten Familienurlaub später nachkomme. Diese Verse haben mir Mut gemacht das zu tun, ohne dass ich es genau begründen konnte. Als ich dann später am Flughafen war, um mit unserem Sohn zu Leo zu fliegen, gab es eine Überraschung: Ich bekam ein kostenloses Upgrade für die Businessclass. Welch ein Geschenk mit einem kleinen Kind. Ebenso bekam ich anschließend mit, dass ich mit unserem Sohn bei der Konferenz aufgrund der Räumlichkeiten sowieso die meiste Zeit nicht mit unserem Team hätte zusammen sein können; der Elternübertragungsraum war stark getrennt von allen anderen Locations. Für mich waren diese beiden Aspekte die Bestätigung für Gottes Reden durch diese zufälligen Bibelverse.

Alternative

Anstatt dass du deine Bibel einfach zufällig aufschlägst, kannst du auch Folgendes ausprobieren: Versuche still zu werden und auf Gott zu hören, dass er dir eine Bibelversangabe geben möge. Vielleicht ist es eine Zahlenkombination, die dir in den Sinn kommt oder zuerst ein Buch aus der Bibel. Traue dich, auf deinen ersten Impuls zu reagieren und gehe dem nach.

> *Gott spricht immer wieder, auf die eine oder andere Weise, nur wir Menschen hören nicht darauf!*
>
> *Hiob 33,14 | Die Bibel, Hoffnung für alle*

Gebet

Lieber Vater im Himmel. Ich danke dir, dass dein Wort lebendig ist. Du bist ein Gott, der auch heute noch zu mir redet. Danke, dass du mich auch durch Zufälle zu dir führst. Ich nehme deine Führung in meinem Leben ernst und lasse mich von dir leiten, Heiliger Geist. Bitte schenke mir den Mut, deine Weisungen in meinem Leben umzusetzen. Danke. Ich liebe dich. Amen

Next Steps

1. Bete zu Gott, dass er zu dir spricht. Schlage deine Bibel zufällig auf und lies den Text, der dort steht.
2. Schau, was dich im Text spontan anspricht. Was sagt der Text zu deiner Situation?
3. Lies den Text noch einmal und versuche, den Zusammenhang zu verstehen. Was sagt der Text dir jetzt?

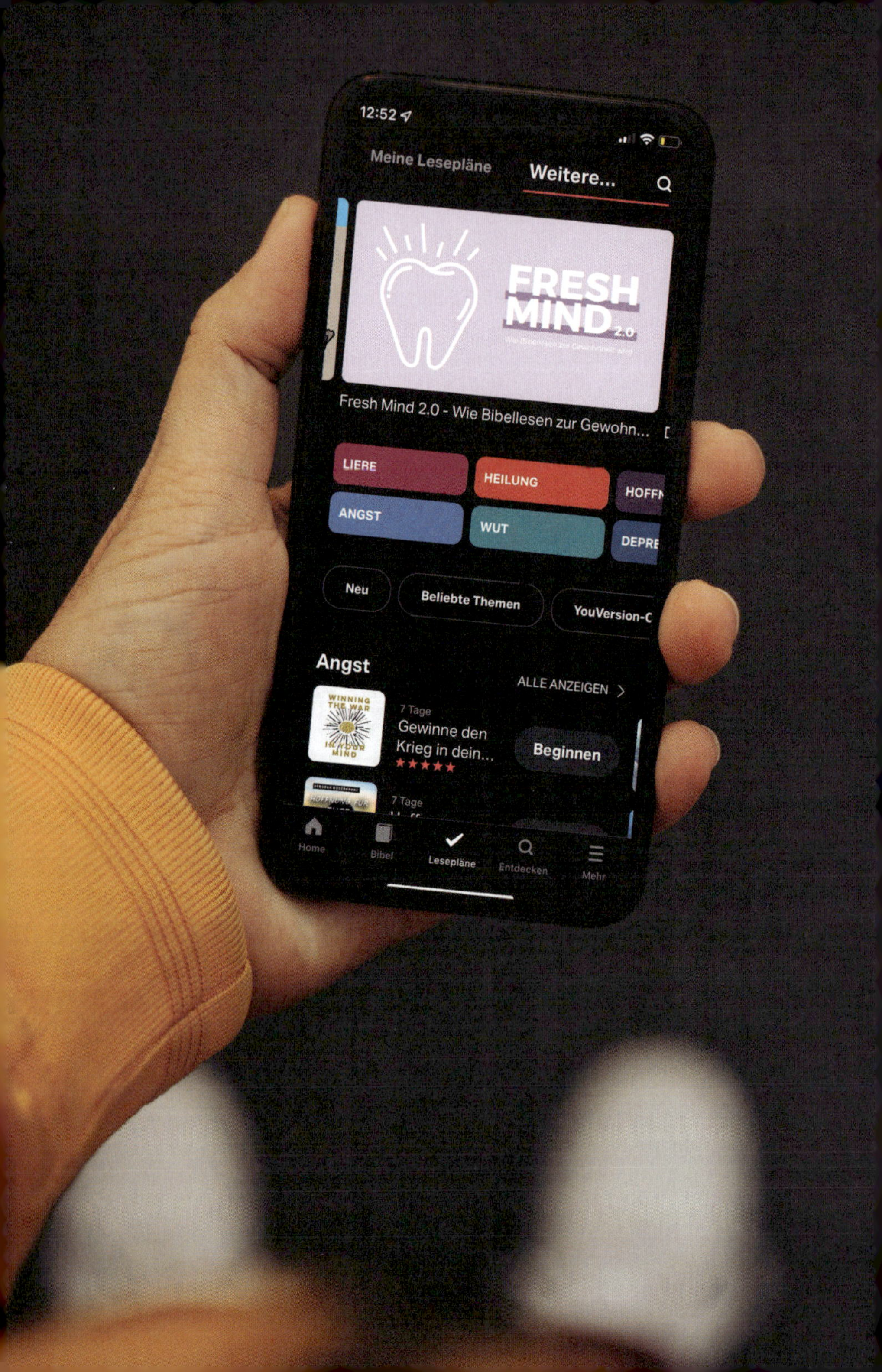
12:52
Meine Lesepläne
Weitere...
FRESH MIND 2.0
Fresh Mind 2.0 - Wie Bibellesen zur Gewohn...
LIEBE
HEILUNG
ANGST
WUT
Neu
Beliebte Themen
Angst
ALLE ANZEIGEN
WINNING THE WAR IN YOUR MIND
7 Tage
Gewinne den Krieg in dein...
Beginnen
7 Tage
Home
Bibel
Lesepläne
Entdecken
Mehr

Bibellesepläne

Was gibt es diese Woche bei dir zuhause zu essen? Hast du einen Wochenplan oder schaust du einfach in den Kühlschrank und überlegst spontan, was du dir kochen könntest? Leute mit solch einem Plan für ihre Mahlzeiten machen meist einen Wocheneinkauf und haben dann alles zu Hause, was sie für die Woche benötigen. Andere wiederum lieben es, jeden Tag mal kurz in den Supermarkt zu schlendern, um ihren Appetit anzuregen. Aber im Grunde genommen werden beide Parteien irgendwie satt.

Wir alle kennen sie: die Menschen, die es lieben geplant durchs Leben zu gehen. Sie haben ein Ziel und erreichen es meistens auch. Manchmal können einen solche Personen fast Angst machen, da man dadurch mit der eigenen Planlosigkeit konfrontiert wird. Doch wir alle haben unsere Stärken und Schwächen. Pläne machen ist gut. Spontan sein ist gut. Ein gutes Mittelmaß zu finden ist gut. Und da wir ja lernen wollen, auf uns selbst, anstatt auf andere zu schauen, sollte uns das eigentlich nicht irritieren und nicht abhalten, selber aktiv zu werden. Falls dich Pläne einengen und du kein Fan davon bist, möchte ich dich ermutigen, genau dieses Kapitel zu lesen. Denn so kannst du neue Dinge entdecken und aus deiner Komfortzone herauskommen. Bist du ein Mensch, dem Pläne Orientierung geben, dann hoffe ich, dass du neue Sachen entdecken kannst und die anderen Kapitel in diesem Buch nicht außen vor lässt. Es ist schon interessant, dass Strukturen und Pläne gerade in dem privaten Bereich viele Menschen abschrecken. Doch dabei sind Pläne auch in Gottes Augen gut und richtig. Vor Beginn der Schöpfung hat er schon an dich gedacht und dazu einen perfekten Plan gemacht. Er ermutigt uns in seinem Wort, unsere Pläne gut durchzudenken und gleichzeitig auf ihn zu vertrauen. Denn mit dem richtigen Plan, einem Ziel und Vertrauen in Gott kann Außergewöhnliches passieren. So lasst uns nun einmal geplant an die Bibel herangehen.

Es gibt die verschiedensten Bibellesepläne, die man in seiner Zeit mit Gottes Wort nutzen kann. Diese können alle helfen, Orientierung zu bekommen. Die Bibel an sich ist eine Art Bibliothek mit unterschiedlichen Genres. Da gibt es „Regale" voller Bücher, dicke und dünne und geordnet nach bestimmten Gattungen: Romane, Gedichtbände, Geschichtsbücher, philosophische Abhandlungen und einiges mehr. Wenn man irgendwo die Bibel aufschlägt, kann man schon mal verwirrt sein, da man den gesamten Überblick aus den Augen verloren hat oder das Genre gerade nicht kennt. Pläne sollen dir helfen, dich beim Lesen zurechtzufinden und neue Dinge in der Bibel zu entdecken.

Bibel in 365 Tagen lesen

Seien wir mal ehrlich: Die meisten Christen und Christinnen haben noch nie die ganze Bibel gelesen. Wenn du nicht gerade Theologie studiert hast oder auf einer Bibelschule warst, umgeht man gerne Bücher wie das Buch 3. Mose. Aber es stecken in der ganzen Bibel – also auch in diesem Buch – viele Geheimnisse und Erkenntnisse. Ebenso hilft es dir für deinen persönlichen Glauben, wenn du eine gute Übersicht der ganzen Bibel erhältst.

Unser Sohn Stefan ist von klein auf mit der Bibel aufgewachsen. Von der Kinderkirche, aber auch von zuhause, hat er viele Geschichten aus der Bibel gehört und lieben gelernt. Ihm war es aber wichtig, die ganze Bibel kennenzulernen. So hat er sich entschieden, in einem Jahr die ganze Bibel zu lesen. Um das zu schaffen, brauchte es nicht nur einen Plan, sondern auch Disziplin und entsprechend Zeit. Denn im Schnitt benötigt man dafür ca. 30 Minuten am Tag. Die ganz Bibel in einem Jahr durchzulesen, habe ihm, wie er heute selbst sagt, ein sehr gutes Fundament für seinen persönlichen Glauben gegeben. Solch ein Gewinn für den persönlichen Glauben ist nicht zu unterschätzen. Wir empfehlen dir dafür einen Jahres-Bibelleseplan zu nutzen. Solche findest du in Apps, im Internet oder im Buchhandel. Dieses geführte Lesen ist einfacher und interessanter, als direkt vorne zu beginnen (was aber natürlich auch seinen Reiz hat). Gib deinem Glauben mit diesem Wissen eine gute Grundlage.

Bibel chronologisch lesen

Eine weitere interessante Form die Bibel zu lesen, ist die chronologische. Die Bücher in der Bibel haben einen zeitlichen Hintergrund. Die Reihenfolge, wie die Bibel und die Geschichten zusammengestellt sind, ist aber nicht chronologisch. Bei den Evangelien sieht man dies sehr gut, da sie sich ergänzen, aber zeitlich immer wieder von vorne beginnen. Solche Pläne bereichern das Lesen der Bibel ungemein. Auch diese Lesehilfen findest du in Bibel-Apps oder im Buchhandel. Ebenso kannst du chronologische Bibellesepläne im Internet finden. (siehe dazu auch das Kapitel: „Geschichtsbuch“)

Bibel nach Themen lesen

Die YouVersion-Bibel-App hat ein fast unendliches Angebot von Bibelleseplänen. So kann man dort nach Themen suchen, die einen gerade beschäftigen. Denn wenn wir uns gerade in einer bestimmten Situation befinden, die uns beschäftigt, sind wir auch offener, Gottes Gedanken, Wahrheiten und sein Wort dazu anzunehmen. Setze dich bewusst damit auseinander und beschäftige dich mit Gottes Sicht darüber.

Bibel als Einsteiger lesen

Wenn du noch nicht viel die Bibel gelesen hast oder jung im Glauben an Gott bist, können dich manche Bibeltexte schnell überfordern. Alle Texte in Gottes Wort haben ihre Berechtigung, doch muss man sie auch richtig einordnen und im Zusammenhang verstehen können. Bibellesepläne für Einsteiger sollen es dir leicht machen, Geschmack am Bibellesen zu finden. Beschäftige dich mit dem Evangelium und der Geschichte von Jesus. Dies hat Kraft und verändert am meisten.

Tipps

Setze dir eine feste Zeit

Wenn du regelmäßig die Bibel lesen möchtest, hilft es, wenn du dir dafür einen festen Zeitpunkt in deinem Tagesablauf reservierst. Es ist grundsätzlich zu empfehlen, das gleich am Morgen zu machen. Anstatt sich beim Kaffee in den sozialen Netzwerken zu verlieren, füllt dich das Lesen der Bibel zum Start in den Tag mit den richtigen Gedanken und Wahrheiten. Wenn du eher der Abendmensch bist, nutze dort die Zeit. Aber setze dir einen festen Termin. Das hilft dir, deinen Plan besser zu verfolgen. Denke daran: Um etwas Neues wie das Bibellesen hinzuzufügen, musst du vielleicht auch etwas anderes, Konkretes weglassen, damit das Neue Platz hat.

Sei verbindlich

Wenn du dir nun einen Leseplan ausgesucht und deinen Zeitpunkt definiert hast, ziehe es durch. Wir kennen es, dass neue Gewohnheiten ihre Zeit brauchen. Man sagt, dass es in etwa 66 Tage braucht, bis etwas zur Gewohnheit wird. Auch wenn es am Anfang manchmal Überwindung braucht: Es lohnt sich. Es ist wie beim Sport: Man darf gerade die langfristige Perspektive nicht verlieren. Eine Hilfe für den Start ist es, dass du dir deine Ziele nicht zu hoch ansetzt. So fällt es dir leichter, diese auch auf längere Zeit durchzuziehen.

Schreibe deine Gedanken auf

Beim Bibellesen wirst du viele Erkenntnisse bekommen. Schreibe deine Gedanken dazu auf. Deine Fragen, dein Verstehen, deine Lieblingsstellen usw. Das Aufschreiben hilft dir, dich inhaltlich besser in den Texten zurechtzufinden.

Teile deine Erfahrungen

Beim Lesen der Bibel wirst du viele Erfahrungen machen. Gerade, wenn du die ganze Bibel durchliest, stößt du auf Texte, die dich begeistern, ermutigen oder auch mal stören und irritieren. Teile dich mit. Erzähle anderen Menschen von deinen Erfahrungen. Dieser Austausch kann dir helfen, die Worte der Bibel nicht nur zu lesen, sondern auch zu verinnerlichen. Ebenso spürst du durch das Miteinander die Kraft und die vielen Vorteile, Gottes Wort zu kennen und danach zu leben.

Gebet

Lieber Vater im Himmel. Ich danke dir von ganzem Herzen für dein Wort. Danke, kann ich jederzeit darin lesen, dich darin suchen und darin finden. Bitte hilf mir, dein Wort immer besser zu verstehen. Ich möchte dich immer besser kennenlernen und wünsche mir ein gutes Fundament für meine persönliche Beziehung mit dir. Darum will ich mich mit der Bibel beschäftigen. Danke, hilfst du mir auch, langfristige Ziele mit deiner Bibel zu erreichen und die Zeit dafür weise einzuplanen. Amen

Next Steps

1. Suche dir einen Bibelleseplan, der dir gefällt oder dich in deiner momentanen Lebenslage unterstützen könnte.
2. Setz dir eine feste Zeit, wann du die Bibel lesen möchtest. Ziehe deinen Plan langfristig durch.
3. Tausche dich mit anderen über deine Erfahrungen aus.

BEL BIBEL BIBEL BIBEL BIBEL BI
BIBEL
Hören
BIBEL HÖREN
BIBEL HÖREN

Bibel hören

Wir alle haben es geliebt, wenn jemand einem etwas vorgelesen hat. Als Kind hat man sich besonders darüber gefreut. War es ein Kinderbuch, ein Märchen oder aber auch biblische Geschichten: Es war immer etwas Aufregendes dabei. Man kuschelte sich meist in den Arm eines Erwachsenen oder in eine Decke und lauschte den Erzählungen gespannt zu. Es war ein Gemisch aus der Geschichte, die man hörte, der Nähe zu der Person, die vorgelesen hat und den Fantasien in den eigenen Gedanken. Ausgesprochene Worte wirken. Ganz egal, ob es nun „gute oder schlechte" Worte sind, gute oder schlechte Geschichten. Mutmachende Worte oder das Gegenteil.

Wenn wir hörend an die Bibel herangehen, birgt das enorme Kraft. Wir hören Gottes Wort und gleichzeitig wird es über uns ausgesprochen. Es ist egal, ob es aus einer App, einer Playlist kommt oder live gelesen wird: Gottes Wort steht für sich, wenn wir es hören. Es entsteht ebenso eine Nähe zu unserem Schöpfer. Denn so wie wir als Kinder gelauscht und die Nähe genossen haben, können wir heute die Nähe durch Gottes Geist erleben und ihm nahe sein.

Zuhören heißt Nähe

Lass dich mal auf das Bibelhören ein. Du wirst dich wundern, welche Erfahrungen du dadurch machen wirst. Heutzutage gibt es großartig gelesene Hörbibeln, die man in einer App oder im Handel finden kann. Auch das gegenseitige, längere Vorlesen hat große Kraft. Manchmal findet man nicht die Zeit, längere Bibeltexte zu lesen, dann kannst du die Fahrt im Auto oder im Zug nutzen, um die Bibel zu hören. Oder du setzt dich einmal bewusst hin und lauschst. Immer, wenn jemand spricht und wir das Gesagte hören können, bedingt es, der anderen Person nahe zu sein, denn sonst könnte man sie ja nicht hören. Wenn wir nun die Bibel hören, zeigt das - bildlich gesprochen - die Nähe zu unserem Gott. Denn wir hören sein Wort.

> *„Zuhören heißt: Ich lasse das Wort an mich herankommen. Ich öffne mich dem Wirken des Heiligen Geistes, dass er mich (über)führe. Bibellesen ist Begegnung mit dem Heiligen Gott: Er liest mich."*
>
> *Hans-Rudolf Bachmann*

Dieses aufeinander Einlassen hat große Chancen und bietet uns die Möglichkeit, Gott zu begegnen. Trau dich, diese Nähe zuzulassen.

Zuhören heißt „reinigen"

Wir alle wissen, dass ausgesprochene Worte Kraft haben. Ob wir über unseren Kindern Ermutigungen oder Erniedrigungen aussprechen, hat Konsequenzen. Sage ich „Nichtsnutz" oder „Ich liebe dich" zu meinem Kind? Entsprechend wird es sie prägen. Wenn wir nun Gottes Wort in unserem Leben hören, ist die Kraft umso größer und wird uns zum Segen.

> *Durch sein Wort hat er den Schmutz ihrer Verfehlungen wie in einem reinigenden Bad von ihr abgewaschen.*
>
> *Epheser 5,26 | Die Bibel, Neue Genfer Übersetzung*

Es steckt ein Geheimnis dahinter, wenn wir Gottes Wahrheiten vor der sichtbaren und unsichtbaren Welt aussprechen und diese glauben. Wenn wir nun die Bibel hören, reinigt uns das auch. Das Hören allein „reinigt uns nicht von unserer Schuld". Nur Jesu Tat am Kreuz hat die Kraft, das zu tun. Die Bibel spricht Gottes Wahrheiten in unsere Leben. Das verändert uns. Was hier mit dem Reinigen gemeint ist, ist das Auslöschen von falschen Gedanken, Motiven und Vorstellungen. Durch das Hören und Beschäftigen mit Gottes Aussagen für unser Leben werden nach und nach irreführende Gedankengebäude durch Gottes wunderbare Ideen ausgetauscht. Gott meint es gut mit uns, steht zu seinem Wort und vor allem auch zu uns.

Ich (Leo) weiß leider oft nicht mehr, was ich eine Woche zuvor in der Bibel gelesen (oder gehört) habe. Das ist manchmal frustrierend. Jedoch weiß ich auch nicht mehr, was ich letzte Woche gegessen habe. Trotzdem hat mich beides geprägt und ernährt. Beides hatte einen Einfluss auf mein Leben. Ich liebe die Geschichte, in der ein älterer Mann einen Jungen bittet, mit einem Korb Wasser aus dem Brunnen zu holen. Der Junge geht los, aber egal, wie schnell er läuft, es kommt nie genug Wasser an, da der Korb so viele Löcher hat. Das Wasser rinnt durch den Korb hindurch auf die Erde. Der Mann sagt aber: „Gehe noch mal." Und so läuft der Junge weiter und probiert sein Glück. Und noch mal. Und ein weiteres Mal. Irgendwann bleibt der Junge stehen und sagt: „Das macht doch alles keinen Sinn. Egal was ich tue, es bleibt kein Wasser in dem Korb."

„Ja, das stimmt.“, sagt ihm der alte Mann, „jedoch ist der Korb nun sauber.“ So ist es auch oft mit dem Wort Gottes, welches wir hören. Manchmal entrinnen uns die Wahrheiten aus unserem Kopf. Aber trotz allem reinigt es uns.

Zuhören heißt verstehen

In den Sommerferien habe ich (Susanna) mich entschieden, die Bibel öfters zu hören, anstatt nur zu lesen. So habe ich mir jeweils gleich mehrere Kapitel am Stück angehört. Ich lag dabei schön im Liegestuhl. Nach dem Urlaub hatte ich so die vier Evangelien komplett durchhören können. Das war etwas Besonderes für mich. Durch den neuen Zugang sind mir andere, bisher unentdeckte Sachen aufgefallen. So wechselte zum Beispiel Jesus in den Evangelien öfters vom „Natürlichen“ zum „Geistlichen“. Er spricht vom Sauerteig und die Jünger meinen, er mache eine Anspielung, dass sie kein Brot gekauft haben. Während die Jünger die Aussage auf ihr „natürliches“ Leben interpretieren, spricht Jesus die „geistliche“ Dimension an. Mir ist dieser Punkt durch das Weiterlesen/ Weiterhören aufgefallen. Während die einzelnen Verse, mit denen wir uns beschäftigen, wie Mosaiksteine sind, ist für mich das Bibelhören als würde ich das ganze Bild betrachten. So gewann ich den Gewinn und das Verständnis, dass Jesus das Natürliche vom Geistlichen gar nicht so oft trennt wie wir. Dies kann ich nun auch viel stärker in meinem Alltag erwarten.

Gebet

Lieber Vater. Ich danke dir, dass du gute Worte für mich bereit hältst: Worte des Lebens. Bitte hilf mir, deinen Worten mehr und mehr zu vertrauen. Danke, darf ich dein Wort hören, aussprechen und annehmen. Durch dein gesprochenes Wort ist die Schöpfung entstanden. Danke, kann ich von dieser Kraft Gebrauch machen - für mein und das Leben meiner Lieben. Die Kraft deiner Liebe zu mir ist grenzenlos. Ich liebe dich. Danke. Amen

Next Step

1. Suche dir eine Hörbibel, die dir gefällt.
2. Nutze verschiedene Zeiten, Gottes Wort zu hören (unterwegs, im Urlaub, bewusst).
3. Vertraue darauf, dass Gottes Wort dein Leben positiv prägt und verändert.

Kontext verstehen

Wenn ich (Leo) Freunden erzähle, dass ich heute zur Arbeit gefahren bin, klingt das völlig banal. Aber was heißt das genau? In der heutigen Zeit beinhaltet der Satz Folgendes: Ich kann mit dem Auto, dem Fahrrad oder dem Motorrad gefahren sein. Wie sich das anfühlt, dabei im Stau zu stecken, verstehen alle. Aber es kann auch bedeuten, dass ich mit der Bahn, der Straßenbahn oder dem Bus zur Arbeit gekommen bin. Dass ich dabei auch zu Fuß gehen musste, ist nicht relevant und wird als selbstverständlich hingenommen. Es kann sogar sein, dass ich mit dem Schiff zur Arbeit gekommen bin. Bei uns in der Schweiz fährt eine kleine Fähre über den Zürichsee. Auch das ist möglich, wenn ich so über meinen Arbeitsweg berichte. Wenn wir nun in der Bibel lesen, dass jemand von A nach B gegangen ist: Was heißt das nun wirklich? Sicherlich gab es kein Motorrad in der damaligen Zeit. Aber was gab es an Transportmitteln? Und was bedeutete es wirklich, in einem heißen Land unterwegs zu sein? Was bedeutete es, wenn Jesus auf die andere Seeseite wollte? Warum durften die Juden nicht mit den Zolleinnehmern Kontakt haben? Wie behandelte man Frauen? Wie war der Umgang mit Kindern?

Wir leben in der heutigen Zeit in einem Umfeld, in dem uns grundsätzlich der Kontext bekannt ist. Wenn wir tiefer in die Bibel eintauchen wollen, können wir uns auch mit ihrem Umfeld und den damaligen Gegebenheiten bekannt machen. Denn dadurch gehen wir den Sachen mehr und mehr auf den Grund.

Entdecke das Umfeld in der Bibel

Sehr oft stellen wir uns die Geschichten, die in der Bibel beschrieben worden sind, im Kontext der heutigen Zeit vor. Wenn zum Beispiel der Umgang mit Frauen erzählt wird, irritiert uns das manchmal. Wenn wir jedoch dies in dem historischen Umfeld betrachten, bekommt die Geschichte eine ganz andere Bedeutung. Viele kennen die Begebenheit von der Frau am Jakobsbrunnen, die in der Mittagshitze Wasser schöpft (Johannes 4). Dass die Frau in der Mittagshitze Wasser schöpfte, zeigte ihre Beziehungskrise und ihre Ausgrenzung. Denn dazumal war es üblich, diese Arbeit am Morgen oder am Abend zu verrichten. Sie nahm die Hitze des Tages auf sich, um allein zu sein und den anderen Menschen aus dem Weg zu gehen. Die Juden gingen eigentlich nicht durch Samarien, weil sie nicht „unrein" werden wollten. Jesus tat es trotzdem. Und nun sprach Jesus, ein Mann, eine samaritanische Frau an. Wie heute noch in manchen muslimischen Ländern gehörte es sich nicht, dass ein Mann alleine mit einer Frau sprach. Schon gar nicht ein Rabbi. Und je tiefer wir in diese Geschichte und das Umfeld eintauchen, desto lebendiger wird sie.

- Jesus geht durch das Land von „Feinden".
- Eine ausgestoßene Frau versucht alleine, für sich zu sorgen.
- Jesus durchbricht gesellschaftliche Normen.

Und das war erst der Anfang der Geschichte, noch bevor sie richtig begonnen hat. Je mehr wir uns damit beschäftigen, desto mehr Tiefe erhalten wir und verstehen immer besser, was beschrieben wird. Mache dich auf die Suche, das Umfeld zu verstehen.

Lies Bibelkommentare

Der einfachste Weg ist, zu den Texten verschiedene Bibelkommentare zu studieren. Man findet verschiedenste Auslegungen und Angebote. Beschränke dich nicht auf eine Auslegung, sondern wähle bewusst unterschiedliche aus, damit du verschiedene Ansichten miteinander vergleichen kannst. Es gibt ganze Bücher oder du findest auch vieles im Internet zur freien Verfügung. In den Kommentaren wird neben der Auslegung auch meist das Umfeld der Bibelstelle beschrieben und die Stelle in einen größeren Kontext gestellt. Die gründliche Auslegung hilft dir, das Verständnis für den Bibeltext zu vertiefen oder zu verändern. Zusätzlich gibt es weitere Fachliteratur, die sich auf den Alltag in den Bibeltexten spezialisiert hat und gute Erklärungsansätze hat, wie die Menschen zur Zeit des Textes gelebt haben. So gibt es unter anderem eine Bibelausgabe mit einem „Sprachschlüssel". Dort sind die griechischen Worte des Urtextes, in denen u.a. das Neue Testament geschrieben worden ist, vermerkt. So kann man rasch die „Original-Bedeutung" der Wörter nachlesen und bekommt so ein fundiertes Verständnis zu den Texten (siehe dazu auch Kapitel „Im Urtext forschen"). Wenn du zu deinem Bibeltext verschiedene Kommentare und Erklärungen gelesen hast, mache dich mit diesem Wissen nun an den eigentlichen Bibeltext.

Lies den Text mit dem erarbeiteten Verständnis

Nun hast du verschiedene Beschreibungen zu deiner Textstelle in Erfahrung gebracht. Mache es dir jetzt aber nicht so einfach, indem du den Text ausschließlich aus der Sicht eines Kommentars liest, sondern wäge ab, suche und gehe in die Tiefe. Wie verstehst du nun die Textstelle mit den Erklärungen des Umfeldes, der Sicht aus dem historischen Kontext oder auch dem Grundtext der Bibel?

Als Beispiel wollen wir uns das ganze Buch Jona anschauen. Die allseits bekannte Geschichte von dem Mann, der in einem großen Fisch landete, hat bei näherer Betrachtung auch viel mit uns zu tun. Durch die Bibelkommentare und erweiterte Suche haben wir zu diesem Buch aus dem Alten Testaments Folgendes zusammengetragen.

Man geht davon aus, dass Jona selbst der Verfasser dieses Buches ist. Die Geschichte, welche ungefähr 765 v.Chr. geschrieben worden ist, erzählt den Ungehorsam des Propheten, der von Gott einen Auftrag bekommen hat, nach Ninive zu gehen. Die Menschen dort waren für ihre Bosheit bekannt. Anstatt Gottes Willen zu folgen, flieht Jona vor seinem Auftrag. Doch Gott verändert die Gesinnung des Autors, rettet ihn und Jona macht sich schlussendlich doch noch auf nach Ninive. Dort verkündet er Gottes Botschaft an die Bewohner der Stadt, die als Gericht zerstört werden soll. Das Volk tut Buße und Gott verschont die Stadt, worüber Jona zornig wird. Gott zeigt ihm anhand eines Beispiels, dass er keine Berechtigung hat, zornig zu sein. Durch das ganze Buch sieht man Gottes Handeln, seine Macht, Stärke und seine unverdiente Gnade. In jedem Kapitel wird es deutlich. Jona, der ungehorsam war, wird gerettet und bekommt eine weitere Möglichkeit, Gott zu gehorchen. Als auch Ninive durch Gottes Gnade gerettet wird, ist der Prophet ungehalten. Das Buch sollte eine Botschaft an das Volk Israel richten und ihm aufzeigen, wie sie sind: nämlich wie Jona. Sie sind ungehorsam, erfahren Gottes Güte und Treue, lernen aber nicht viel daraus. Sie sollten für andere zum Segen werden, aber sie handeln egoistisch. Ihre Missionsaufgaben nehmen sie nicht wahr und machen sich mit ihrem ganzen Handeln - genau wie Jona - lächerlich. Das Buch zeigt auf, dass Gott vergebungsbereit ist, ein Gott, der alles in seiner Hand hält und die Welt beherrscht - auch heute noch. Alles gehorcht ihm, außer die Menschen. Was wir von der Geschichte Jonas lernen können, ist, unsere egoistischen Gedanken abzulegen. Sei es, dass wir uns um unsere Nächsten kümmern und ihnen das Evangelium erzählen oder, dass wir uns vor Gott demütigen und unsere Schuld bereuen sollen. Gott wird uns vergeben. Es ist wichtig, ihm zu gehorchen und seinen Willen zu tun. Die Bibel hat er uns gegeben, damit wir in seinem Sinn leben können.

Zusammenfassend möchte Gott uns durch dieses Buch folgende Wahrheit weitergeben: Der gnädige, mächtige, rettende und geduldige Gott will uns unsere falschen und egoistischen Einstellungen verändern und uns zu seinen Boten machen.

Durch dein persönliches Forschen und Auseinandersetzen mit dem Text bekommst du eine neue und tiefere Sicht über die Botschaften der Bibel. Gott offenbart sich in seinem Wort. Dies tut er auf unterschiedlichste Art und Weise. Manchmal ist es persönlich und individuell, oft aber erschließen sich seine Wahrheiten aus dem Kontext und dem tiefen Graben in der Bibel. Mache dich auf und beginne zu forschen. Dadurch erhältst du einen unfassbaren Schatz, der dein Leben prägt und verändert.

> *Sich Zeit zu nehmen, allein bei Gott zu sein, ist kein Geschenk an ihn. Es ist ein Geschenk an dich selbst.*
> *unbekannt***Buchtipps**

Bibelkommentare

- Kommentarreihe „... für Heute“, N.T. Wright, Brunnen Verlag
- Überrascht von der Bibel: Erstaunliche Einsichten zu strittigen Themen, N.T. Wright, Francke Verlag
- HTA Kommentarreihe (Historisch Theologische Auslegung), SCM R.Brockhaus

Studienbibeln

- Studienbibel, Begegnung fürs Leben, SCM R.Brockhaus
- STAMPS Studienbibel, Life Publishers International

Online

- Fragen über die Bibel: www.gotquestions.org/Deutsch/

Gebet

Lieber Vater im Himmel. Ich staune über die Wege, die du mit uns gehst, damals in der Bibel als auch heute. Danke, darf ich in deine Wahrheiten eintauchen und deine Liebe darin entdecken. Danke, hilfst du mir dabei. Ich möchte mehr und mehr darüber staunen, was du getan hast und auch heute in meinem Leben tust. Danke. Amen

Next Steps

1. Suche dir eine Textstelle, mit der du dich beschäftigen möchtest.
2. Lies zu dieser Textstelle verschiedene Kommentare, Erklärungen und entdecke das Umfeld der damaligen Zeit.
3. Lies den Bibeltext mit deinem neuen Wissen und schreibe dir deine Erkenntnisse dazu auf.

Krone
Vergebung
Gottes Kind
Heiliger Geist
Vertrauen
Ewigkeit im Herz
Prophetie
Mantel der Gerechtigkeit

Tief graben

Jedes Kind geht in die Schule und lernt dort im besten Fall auch etwas. Den einen fällt es recht einfach, andere tun sich wiederum eher schwer. Einige begeistern sich aus irgendwelchen Gründen für Mathematik und blühen dabei auf. Andere Kinder entwickeln ein Flair für Sprachen und genießen diese Fächer. Kinder lernen mitunter am besten, wenn sie von sich ein Interesse für ein bestimmtes Thema entwickeln. So können manche Kinder alle lateinischen Namen von Dinosauriern auswendig und man fragt sich als Eltern, wofür dieses Wissen im Leben einmal gut sein wird. Aber es zeigt die Freude am Lernen für manche Themen. In der Schule ist das nicht immer einfach umzusetzen, aber in unserem persönlichen Leben ist dieser Zugang ohne weiteres sehr gut anzuwenden.

Welches Thema interessiert dich?

Garantiert beschäftigt dich gerade irgendein spezifisches Thema im Leben. Etwas, was dich vielleicht interessiert, stört oder begeistert und du möchtest dem nun mehr auf den Grund gehen. Es kann aber auch sein, dass der Heilige Geist dich auf etwas aufmerksam machen möchte und dich bewusst an ein Thema heranführt. Schreibe dir dein Thema konkret auf. Geht es um Versorgung im Leben, Beziehungen, Arbeit oder aber um Anbetung, Führung im Leben und das Vertrauen an Gott? Geht es um Familie, Beziehungen, Freundschaften oder um Menschen, die dich einfach nur nerven? Geht es um deine Arbeit, deinen Beruf, deine Begabungen, welche du entdecken und nutzen möchtest? Geht es um Gott, seinen Heiligen Geist, Jesu Tat am Kreuz, Engel und Dämonen, seine Liebe oder um die Ewigkeit? Mache dir Gedanken und entscheide dich für ein Thema, das dir persönlich am Herzen liegt.

Was sagt die Bibel zu dem Thema?

Nun geht es ans Forschen. Schlage deine Bibel auf und suche Stellen, die zu deinem Thema eine Aussage treffen. Bitte auch den Heiligen Geist, dich dabei zu leiten. Um dir den Anfang leicht zu machen, nutze zum Beispiel eine Konkordanz, die Suchfunktion auf Bibleserver.com oder suche im Internet nach Thema und Bibelstellen. Beginne sorgfältig zu forschen. Nimm nicht gleich jede Stelle oder Aussage, die du findest, als Kernsatz, sondern vergleiche sie mit weiteren Bibelstellen. Haben sie eine übereinstimmende Bedeutung? Des Weiteren kannst du auch Bücher über Bibelauslegungen zu deinem Thema lesen. Heute gibt es zahllose Möglichkeiten, die dir helfen, dich mit Gottes Wort auseinanderzusetzen.

Sortiere deine Ergebnisse

Du hast nun nach und nach eine recht große Übersicht aus Textstellen zu deinem Thema gefunden. Schreibe deine Erkenntnisse dazu auf. Beginne, sie inhaltlich zu sortieren und die Aussagen in einen Zusammenhang zu bringen. Lass dich auch hier vom Heiligen Geist leiten, indem du zum einen dafür betest, aber auch erwartest, dass er dir Weisheit schenkt. Deine zusammengetragenen Ergebnisse sind vielleicht von bestimmten Bibelauslegungen zu den Themen geprägt. Deine Erkenntnisse sollten aber aus dem Verständnis kommen, was du aus der Bibel direkt lesen kannst. Gebe dich nicht einfach zufrieden, was du vielleicht im Internet gefunden hast. Die Hilfsmittel sollen dir hauptsächlich dienen, auf die „richtige" Spur zu kommen. Nimm dir für die Suche genug Zeit. Vielleicht sind es ein paar Tage oder Monate, in denen du dich immer wieder damit auseinandersetzt. So erhältst du ein sehr gutes Bild von Gottes Idee für dein Thema, welches dich gerade beschäftigt.

Vor einiger Zeit hatten wir bei uns in der ICF Church eine Predigtreihe über Engel. Irgendwie bin ich (Leo) auf das Thema gestoßen und es hat mich nicht mehr losgelassen. Als langjähriger Christ kennt man schon so viele Geschichten und Themen in der Bibel. Aber ich wusste recht wenig über Engel. Ich dachte mir, dass, wenn es mir so geht, sicherlich auch viele andere Menschen in unserer Kirche dieses Thema interessant fänden. Ich begann in der Bibel zu forschen, las Bücher darüber und lernte immer mehr Spannendes rund um Engel. Folgende Punkte über die Funktion der Engel habe ich zusammentragen können:

- **Ankündigen:** Engel kündigten Jesus an. (Lukas 1,2)
- **Dienen:** Engel dienen Jesus und Menschen. (Matthäus 4,11; Hebräer 1,14)
- **Stärken:** Engel stärkten Jesus. (Lukas 22,43)
- **Verkünden:** Engel verkündigten Jesus Auferstehung. (Lukas 24,4-6)
- **Freuen:** Engel freuen sich über die Errettung der Menschen. (Lukas 15,10)
- **Begleiten:** Engel begleiten Menschen in den Himmel. (Lukas 16,22)
- **Bewachen:** Engel bewachten Jesus Grab. (Johannes 20,12)

- **Befreien:** Engel befreiten Petrus aus dem Gefängnis. (Apostelgeschichte 5,19)
- **Leiten:** Engel leiteten Apostel auf Reisen. (Apostelgeschichte 8,26)
- **Vorbereiten:** Engel bereiten Menschen auf Jesus Botschaft vor. (Apostelgeschichte 10,3ff)
- **Vollstrecken:** Engel vollstrecken Gottes Gerichtsurteil. (Matthäus 10,39;49)
- **Verherrlichen:** Engel verherrlichen Gott. (Offenbarung)

Plötzlich taten sich weitere Themen auf: Was bedeutet es, wenn ich einen Schutzengel habe? Wie helfen uns die Engel? Wie sehr liebt uns Gott, dass er Engel erschaffen hat, damit sie uns zur Seite stehen? Ich war überrascht, was ich alles finden konnte und ich wollte mehr darüber wissen. Denn so oft liest man über die Stellen mit den Engeln hinweg, ohne sich groß Gedanken zu machen. Als Christen sind wir uns einig, dass es Engel gibt, aber was das heute für uns praktisch bedeutet; darüber haben wir uns oft gar keine Gedanken gemacht. So las ich mit neuen Augen an so vielen Bibelstellen, was die Engel taten und noch heute tun.

> *Hütet euch davor, auf ein einziges dieser Kinder herabzusehen. Denn ich sage euch, dass ihre Engel im Himmel meinem himmlischen Vater stets besonders nahe sind.*
> *Matthäus 18,10-11 | Die Bibel, Neues Leben*

> *Siehe, ich sende einen Engel vor dir her, der dich behüte auf dem Wege und dich bringe an den Ort, den ich bestimmt habe.*
> *2. Mose 23,20 | Die Bibel, Luther 2017*

> *Denn Gott wird dir seine Engel schicken, um dich zu beschützen, wohin du auch gehst. Sie werden dich auf Händen tragen, und du wirst dich nicht einmal an einem Stein stoßen!*
> *Psalm 91,11-12 | Die Bibel, Hoffnung für alle*

Mich begeistert das Thema und ich habe mit Erstaunen festgestellt, dass es auch die Menschen in unserer Kirche interessiert. Denn es zeigt eine Seite der geistlichen Welt auf, die wir bei uns in der westlichen Welt oft außer

Acht lassen. Es gibt Begleiter, die uns unser himmlischer Vater gesandt hat und die uns helfen. Sie haben unterschiedliche Aufgaben und folgen Gottes Auftrag. Dieses Bewusstwerden der übernatürlichen Dimension macht mich ruhiger und stärkt mein Vertrauen in Gott. Ich habe bis heute noch bei weitem nicht alles zu diesem Thema verstanden, aber es hat meinen Horizont erweitert und meine Liebe und mein Vertrauen zu Gott gestärkt.

Gebet

Lieber Vater im Himmel. Ich danke dir für dein Entgegenkommen, welches du für mich als dein Kind hast. Danke, darf ich mit meinen Fragen und Anliegen jederzeit zu dir kommen. Danke, führst du mich auch durch dein Wort und lässt es für mich lebendig werden. Ich will mein Leben danach ausrichten. Danke, führst du mich und bist du bei mir. Amen

Next Step

1. Entscheide dich für ein Thema, welches dich zurzeit interessiert.
2. Forsche in der Bibel danach. Nutze dazu auch andere passende Hilfsmittel oder Bücher.
3. Sortiere deine Ergebnisse und schreibe dir deine Schlussfolgerung dazu auf.

יהוה

Querverweise-Schnitzeljagd

Wir alle waren einmal Kinder. So hatten wir nicht nur die tollsten Ideen und Pläne, was man alles an einem Tag anstellen könnte, sondern wir hatten auch unterschiedlichste Auffassungen, was die Eltern eigentlich für Regeln für uns aufgestellt hatten. Gerade wenn man Geschwister hatte, wurde das deutlich. Da stand man nun an einem heißen Sommertag vor dem Tiefkühler und fragte sich, ob man sich ein Eis herausholen dürfte. Dann diskutierte man mit seinem Bruder, dass es sicherlich völlig in Ordnung wäre: „Mama sagte, wenn wir Hunger haben, sollen wir einfach essen, was da ist". „Aber ich hatte in Erinnerung, dass sie sagte, wir sollen nicht zu viel Süßes naschen." „Aber es ist doch so heiß heute. Bei diesen Temperaturen gibt uns Mama doch auch oft ein Eis." Und so redet man lange hin und her und versucht herauszubekommen, was die Mutter doch wirklich mal zu diesem Thema gesagt haben könnte. Und seien wir ehrlich: In solchen Situationen bog man sich die Aussagen jeweils so zurecht, dass schlussendlich der Gefrierschrank geöffnet wurde, um sich ein feines Eis zu genehmigen.

Querverweise in der Bibel zu lesen hat etwas mit der obigen Geschichte zu tun. Es geht darum, zu verstehen, was zu einem bestimmten Thema noch in der Bibel steht und was wirklich gemeint ist. So erhalten wir ein klareres Bild zu Gottes Aussagen und laufen weniger Gefahr, uns die Bedeutung eines Bibelverses einfach so zurechtzubiegen, wie es uns gerade am besten in unser Leben passt.

Lies einen Textabschnitt

Es ist weise, einen Bibelvers im Zusammenhang zu lesen und nicht isoliert. So bekommst du ein besseres Bild für die Aussage im Kontext und verhinderst Fehlinterpretationen. Was steht vor und nach dem Vers? In welcher Situation wurde der Text geschrieben? Es gibt so viel zu beobachten, wenn du den Text durch diese Brille liest. Die Bibel wurde für Menschen in einer bestimmten Situation geschrieben. Diese gilt es zu verstehen (siehe auch das Kapitel „Kontext verstehen") und für sich anzuwenden. Es ist ein göttliches Geheimnis, dass, obwohl die Bibel in eine bestimmte Situation hineingeschrieben wurde, er jedes Wort auch für uns alle gemeint hat. Es sind seine Wahrheiten, die wir ernst nehmen wollen.

Wenn du einen Vers so im Zusammenhang gelesen hast, beginne nun den Querverweisen zu folgen.

Folge den Querverweisen

Ein Querverweis in der Bibel ist eine kleine Bibelversangabe zu einer anderen Textstelle, welche die Aussage des jeweiligen Verses an einer anderen Stelle der Bibel vertieft oder ergänzt. Viele Menschen haben sich die Mühe gemacht, solche Querverweise zusammenzutragen. So kriegen wir über die ganze Bibel hinweg rasch einen guten Überblick zum Thema aus dem Vers. Es gibt Bibeln, die einige dieser Querverweise beinhalten, jedoch haben nicht alle Bibelausgaben diese Ergänzungen abgedruckt. Ebenso findest du auch im Internet auf www.bibleserver.com alle Querverweise als auch viele Bibelübersetzungen. In den Texteinstellungen (neben dem Eingabefeld) kannst du die Anzeige für Querverweise auswählen. So siehst du diese in den Bibeltexten angezeigt.

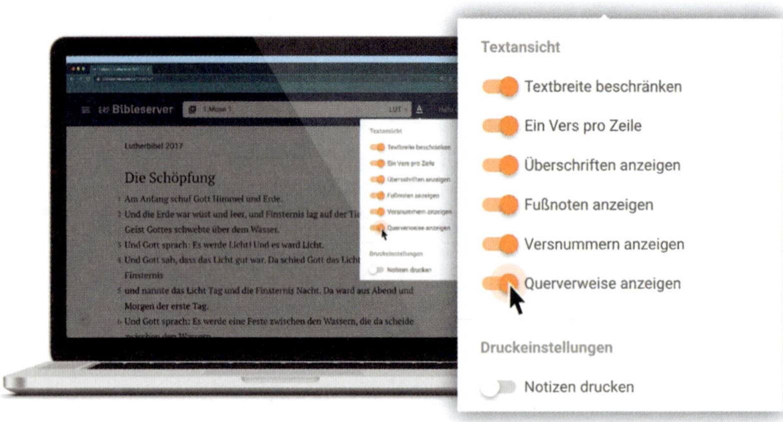

Nachdem du nun den Bibelvers gelesen hast, schlage die weiterführenden Verse nach. Versuche nun nach und nach, dein Bild zu dem Thema des Verses zu erweitern. Ebenso kannst du die weiteren Querverweise lesen und ihnen folgen. Dein Verständnis wird so wachsen.

Notiere dir deine Erkenntnisse

Durch das Hin- und Herschlagen in deiner Bibel und dem Lesen der verschiedensten Texte kann es schnell passieren, dass man den Überblick verliert. Schreibe dir unbedingt deine Gedanken dazu auf. Vielleicht notierst du dir alle Versangaben und deren Inhalt in Stichpunkten. Was schließt du aus dem größeren Überblick der Verse? Welche Aussage vertieft oder relativiert sich nun? Was glaubst du, möchte Gott dir dadurch persönlich sagen?

Nehmen wir folgenden Vers als Beispiel:

> *Unsere Hoffnung aber wird uns nicht enttäuschen. Denn dass Gott uns liebt, ist uns unumstößlich gewiss. Seine Liebe ist ja in unsere Herzen ausgegossen durch den Heiligen Geist, den er uns geschenkt hat. (Apg. 2,33; Röm. 8,39; Hebr. 6,18)*
>
> *Römer 5,5 | Die Bibel, Gute Nachricht*

Der Zusammenhang der Verse im Römer beschreibt die Abhandlung von Paulus über den Glauben und die Rechtfertigung durch den Glauben. Direkt vor dem Vers geht es darum, in Schwierigkeiten Geduld zu üben, woraus Hoffnung erwächst. In diesem Vers geht es nun darum, dass Gott seine Liebe uns durch seinen Heiligen Geist geschenkt hat. Als nächsten Schritt beachten wir die Querverweise.

- In Apostelgeschichte 2,33 lesen wir, dass Jesus den Ehrenplatz beim Vater hat und uns den Heiligen Geist schenkt. Hier wird näher auf den Heiligen Geist eingegangen. Jesus sitzt zur Rechten Gottes. Wie Jesus den Heiligen Geist erhalten hat, so haben auch wir Anrecht auf ihn.
- Die Römerstelle wiederum berichtet, dass uns nichts von der Liebe Gottes trennen kann. So wird die Liebe aus unserem Vers näher beschrieben.
- In Hebräer finden wir einen Vers, der die Zuverlässigkeit Gottes betont. Gott kann nicht lügen, sondern steht zu seinem Wort und seinen Verheißungen. Damit erhalten wir ein stärkeres Fundament zu der Aussage in unserem Eingangsvers.

Wenn wir nun nur schon diese kurzen Aspekte betrachten, wird die Aussage und Gottes Wahrheit deutlicher: Er ist zuverlässig und hat uns seinen Heiligen Geist durch Jesus geschenkt. Seine Liebe gilt uns und nichts kann uns davon trennen. Folgen wir noch weiteren Querverweisen, vertiefen sich nach und nach die Aussagen.

Ein guter nächster Schritt ist, den Vers mit den Erkenntnissen aus den Querverweisen zu ergänzen. Dies kannst du zum Beispiel in der Form gestalten, dass du den Vers mit deinen gewonnenen Einblicken ergänzt und neu aufschreibst. Ebenso kannst du zu dem Vers Markierungen setzen und weiterführende Notizen hinzufügen. Dies könnte dann folgendermaßen aussehen:

in all meinen Schwierigkeiten

Gott ist zuverlässig & kann nicht lügen

Unsere Hoffnung aber wird uns nicht enttäuschen. Denn dass Gott uns liebt ist uns unumstößlich gewiss. Seine Liebe ist ja in unsere Herzen ausgegossen durch den Heiligen Geist, den er uns geschenkt hat. (Apg 2,33; Röm 8,39; Hebr 6,18)

Römer 5,5 | Die Bibel, Gute Nachricht

nichts trennt uns von Gottes Liebe

wie Jesus haben wir den Heiligen Geist erhalten.

Wir möchten dir Mut machen, die Bibel zu durchforsten, weitere Verse zu den gelesenen Stellen und Aussagen zu finden und dadurch darin mehr und mehr Gottes Liebe für dein Leben zu entdecken.

Gebet

Lieber Vater im Himmel. Ich staune über dein Wort. Danke, kann ich es lesen und darin suchen, forschen und dich finden. Danke für deine Liebe, die mir dadurch offenbart wird. Bitte hilf mir, dein Wort richtig zu verstehen und anzuwenden. Denn ich will deinen Willen tun. Du meinst es gut mit mir. Danke dir für alles. Amen

Next Steps

1. Suche dir einen Bibelvers oder Abschnitt, der dich gerade beschäftigt und lies diesen/diese im Zusammenhang.
2. Folge den Querverweisen und lies auch diese im Kontext.
3. Mache dir zu den gelesenen Versen und Erkenntnissen Notizen.

© NEVER GIVE UP

Betend lesen

Wir alle kennen Unsicherheiten im Leben. Manchmal sind wir unsicher, weil wir nicht wissen, was wir tun oder lassen sollten. Ein anderes Mal kommt dieses Unbehagen in unserer Seele hoch, weil wir vor einer herausfordernden Lebenssituation stehen. Sei es eine wichtige Entscheidung, die es zu treffen gilt oder auch eine völlig banale Entscheidung, die du zu fällen hast wie, was für ein Geschenk es jetzt zu kaufen gilt. Es gibt natürlich auch Menschen, die scheinbar „sicher" Entscheidungen treffen und dann trotzdem den falschen Weg einschlagen. Angenommen, du bist in einem Ferienhaus von Freunden und genießt dort die Zeit. Jetzt ist im Haus ein Schrank voll mit Lebensmitteln und feinen Getränken. Natürlich macht es dich unsicher, ob du diese nun auch nutzen darfst oder ob es deinen Freunden doch nicht so recht wäre, wenn du den edelsten Wein aus ihrem Schrank nimmst. Wenn du aber eine liebe Textnachricht von deinen Freunden erhältst, dass du „unbedingt alles essen und trinken sollst, was du vorfindest!", dann wächst deine Freude und Sicherheit. Denn du handelst im Vertrauen auf das Wort deiner Freunde. Wenn du beginnst, betend die Bibel zu lesen, wird das auch passieren: Deine Sicherheit im Vertrauen zu Gott bei deinen Umständen wird wachsen, genauso wie deine Freude.

Benenne dein Gebetsanliegen

Vielleicht hast du gerade Situationen im Leben, die dich unsicher machen. Sie machen dich unruhig und rauben dir sogar den Schlaf. Worum geht es konkret? Was ist dein Anliegen? Vielleicht ist es auch der allgemeine Wunsch um Bewahrung, Fürsorge und Begleitung für Freunde, Familie und auch für dich. Versuche dir bewusst zu werden, für was du konkret bitten und beten möchtest.

Erkenne Gottes Wahrheiten

Du kennst sicher diverse Bibeltexte. Darunter sind Stellen, die dir gefallen, dich berühren und dir den Weg weisen. Welche Bibeltexte passen nun zu deinem Anliegen? Manchmal ist es auf den ersten Blick gar nicht so einfach, Bibelabschnitte dazu zu finden. Doch nach und nach öffnet sich der Blick und du siehst Gottes Liebe in den Versen, die dir seine Fürsorge aufzeigen. Manchmal sind es gerade die gut bekannten Bibelstellen, die dir zuerst in den Sinn kommen. Lies sie dir vor und meditiere über diesen mutmachenden Wahrheiten. Ein gutes Beispiel dazu ist der folgende bekannte Vers:

> *Denn Gott hat die Menschen so sehr geliebt, dass er seinen einzigen Sohn für sie hergab. Jeder, der an ihn glaubt, wird nicht zugrunde gehen, sondern das ewige Leben haben.*
>
> *Johannes 3,16 | Die Bibel, Hoffnung für alle*

Was entdeckst du alles in diesem Bibeltext? Gott liebt die Welt, also auch dich, deine Familie, deine Freunde, deine nervigen Arbeitskollegen, deinen Enkel und deine laute Nachbarin. Gott wünscht sich das volle Leben für dich, ein Leben in Ewigkeit für jede einzelne Person. Es war und ist ihm kein Preis zu schade, uns das zu ermöglichen.

Stelle Gottes Wahrheiten deinem Anliegen gegenüber

Nun geht es darum, dass du dein konkretes Anliegen mit einem Bibeltext verknüpfst. Manchmal hast du bei einem konkreten Anliegen viele gute Texte dazu gefunden. Ein andermal ist es ein Grundvertrauen in Gott, dass er für dich und mit dir ist. Nimm die Bibelstellen ernst, für dich persönlich und traue dich, dein Vertrauen in diese Wahrheiten zu legen. Was sagen die Texte im Gegensatz zu deinen Umständen oder Anliegen?

- Du brauchst Heilung = Gott ist unser Arzt (2. Mose 15,26)
- Du brauchst Versorgung = Gott versorgt sogar die Vögel (Matthäus 6,26)
- Du brauchst Rat = Gott gibt Weisheit (Jakobus 1,5)
- Du brauchst Schutz = Gott ist unsre Burg (2. Samuel 22,3)

Bete mit Gottes Wahrheiten

Du hast jetzt eine oder mehrere Bibelstellen gefunden. Lies sie nun als Gebet über und für dein Anliegen. Das kann ganz unterschiedlich aussehen. So kannst du deinem Anliegen Gottes Zusage zusprechen. Es beginnt dadurch ein Dialog: Du sprichst zu Gott über deine Bitte; sein Wort gibt Antwort und darauf kannst du wiederum reagieren. Dies kann vielleicht so aussehen:

> *Lieber Vater, ich bitte dich, dass in diesem Monat das Geld für alles Notwendige reicht. Seht euch die Vögel an! Sie säen nichts, sie ernten nichts und sammeln auch keine Vorräte. Euer Vater im Himmel versorgt sie. Ich*

weiß, dass ich dir viel wichtiger bin als sie. (Matthäus 6,26) Ich danke dir von Herzen dafür. Danke, versorgst du mich und gibst mir alles, was ich zum Leben brauche.

Hier noch ein weiteres Beispiel zum Thema Weisheit.

Lieber Vater im Himmel, ich brauche deine Hilfe. Denn ich weiß nicht genau, wie ich mich entscheiden soll. Ich brauche deine Weisheit. Wenn es aber einem von euch an Weisheit fehlt, bitte er Gott darum, und sie wird ihm gegeben werden; denn Gott gibt allen gern und macht dem, der ihn bittet, keine Vorhaltungen. (Jakobus 1,5, NGÜ) Ich danke dir von ganzem Herzen, dass du mir konkret für diese Situation Weisheit und Klarheit gibst. Du leitest und führst mich. Du gibst mir Weisheit. Ich danke dir von ganzem Herzen. Amen

Das ist – vereinfacht gesagt – beten mit einem Bibeltext. Gott und sein Wort ernst zu nehmen, ihm zu glauben und ihm das persönlich zu sagen, hat Kraft. Denn du vertraust auf das, was er in der Bibel gesagt hat. Die Bibelstellen werden auf einmal so persönlich wie nie. Sie geben dir Antworten auf deine Fragen, deine Anliegen und deine Bitten.

Variante 1

Bete ohne konkretes Anliegen

Eine weitere Form ist es auch, ohne konkretes Anliegen die Bibeltexte betend zu lesen. Es geht dabei darum, dass man die Texte ernst nimmt und sie auf sein persönliches Leben und Umfeld anwendet. Es ist nicht nur so, dass Gottes Wahrheiten auf eine bestimmte Situation zutreffen; Gottes Wahrheiten können allgemein dein Leben beeinflussen, indem du sie praktisch betest. Diese Form des Gebetes hat Kraft, da du sicher sein kannst, dass es in Gottes Willen ist, was du sagst. Die Bibeltexte sind in seinem Herzschlag und zeigen seine Liebe zu uns. Versuche es gerade einmal aus und bete folgenden Vers:

Wenn ich dir meine Sünden bekenne, dann erweist du dich, mein liebender Vater als treu und gerecht. Du vergibst mir meine Sünden und du reinigst mich von allem Bösen.

Wenn wir aber unsere Sünden bekennen, dann erweist sich Gott als treu und gerecht: Er wird unsere Sünden vergeben und uns von allem Bösen reinigen.

1. Johannes 1,9 | Die Bibel, Hoffnung für alle

Diese Wahrheit aus der Bibel schafft Freiheit, Glauben und Sicherheit. Je persönlicher du die Bibel annehmen und beten kannst, desto mehr wird dein Glaube und dein Vertrauen in Gott gestärkt.

Ein weiterer guter Einstieg, Bibelverse ohne ein konkretes Anliegen zu nutzen, sind die Psalmen. Die Psalmen sind eigentlich Lieder, also gesungene Gebete. Das macht es noch einfacher, diese mitzubeten. Ich (Susanna) bete oft den Psalm 23 für meinen Sohn Simon und seine Frau Josie. Dieses Gebet hilft mir, Gott zu vertrauen und seine klaren Zusagen für unser Leben anzunehmen. So stärkt das Beten des Psalms meinen Glauben. Gerade wenn mir manchmal die Worte im Gebet ausgehen, hilft mir das Beten des Psalms, die richtigen, göttlichen Worte zu finden.

> *Ein Psalm Davids. Der Herr ist Josies und Simons Hirte, sie haben alles, was sie brauchen. Er lässt sie in grünen Tälern ausruhen (nicht an der prallen Sonne oder in der Wüste), er führt sie beide zum frischen Wasser. Er gibt Josie und Simon Rast. Er schenkt Josie und Simon wieder neue Kraft. Er zeigt ihnen beiden den richtigen Weg im Alltag um seines Namens willen. Auch wenn Josie und Simon durch das dunkle Tal des Todes gehen, fürchten sie sich nicht, denn du bist an ihrer Seite. Dein Stecken und Stab schützen und trösten sie und machen ihnen beiden Mut. Du deckst ihnen einen Tisch vor den Augen ihre Feinde (wie die vielen Aufgaben, Schwierigkeiten und Herausforderungen). Du nimmst Josie und Simon als Gast auf und salbst ihr Haupt mit Öl. Du überschüttest alle beide mit Segen. Deine Güte und Gnade begleiten sie alle Tage ihres Lebens, und sie werden für immer im Hause des Herrn wohnen.*
>
> *nach Psalm 23 | Die Bibel, Neues Leben*

Du merkst, dass das Beten von Bibeltexten plötzlich ganz praktisch und konkret wird. Es ist nicht nur ein Lesen des Texts, sondern ein Dialog mit Gott durch die Verse. Du beginnst, ihm mehr und mehr zu glauben, indem du dein Leben mit den Wahrheiten der Bibel verbindest. Ähnlich wie bei der Beispielgeschichte am Beginn des Kapitels wird dem geschriebenen Wort Glauben geschenkt und mehr und mehr Unsicherheiten weichen. Je mehr du die Bibel und somit Gottes Gedanken für dein Leben kennst, umso mehr wirst du unglaubliche Erfahrungen machen. Du beginnst, deinem Vater im

Himmel mehr und mehr zu vertrauen und betend die Texte auf dein Leben anzuwenden.

Variante 2
Bete für Anliegen aus den Nachrichten
Die meisten von uns lesen oder hören die Nachrichten. Manchmal erschüttert einen eine Nachricht oder man vergisst sie schnell wieder. Probiere doch einmal aus – anstatt für deine persönlichen Anliegen oder für dein nahes Umfeld – für die Anliegen aus den Nachrichten zu beten. Du kannst denselben Ablauf wie oben beschrieben anwenden, indem du den Nachrichten und den Anliegen dieser Welt Gottes Wahrheiten gegenüberstellst. Du wirst staunen, was Gott durch dich bewirken wird.

> *„Wie man beten soll, das steht in der Bibel; und was man beten soll, das steht in der Zeitung."*
> *Karl Barth*

Gebet

Lieber Vater im Himmel. Ich danke dir von Herzen für dein geschriebenes Wort zu mir. Ich möchte lernen, die Bibel auf mein persönliches Leben anzuwenden und dir mehr und mehr zu vertrauen. Danke, meinst du es gut mit mir und führst du mich jeden neuen Tag. Ich liebe dich. Amen

Next Step

1. Welches konkrete Anliegen hast du?
2. Suche (passende) Bibelstellen zu deinem Anliegen heraus.
3. Bete den Bibeltext für dein Anliegen. Vertraue, dass Gott zu seinem Wort steht.

story
telling

Storytelling Bible

Noch nie wurden so viele Geschichten erzählt und verbreitet wie heute. Jeden Tag kommen neue und spannende Filme ins Kino oder werden via die verschiedenen Streaming Plattformen veröffentlicht. Jeden Tag können wir in eine andere Welt eintauchen und darüber staunen, was der Held wieder gerade erreicht. Dort wird ein Tanker gerettet, hier wird eine lange Freundschaft zu einer romantischen Beziehung oder die Diebin wird zur Retterin einer Kleinstadt und ändert ihr Leben. Und schlussendlich reitet der einsame Cowboy in den Sonnenuntergang. Wir alle lieben es, Geschichten zu hören, zu lesen und anzuschauen. Denn wir Menschen funktionieren so, dass uns Erzählungen ansprechen, wir diese gut in Erinnerung behalten und von ihnen lernen können. Das passiert automatisch. Durch Geschichten werden Werte weitergeben, die uns helfen oder auch schaden können. Denn jede Geschichte zeigt uns ein bestimmtes Bild von dieser Welt. Wir können von Fehlern anderer Menschen lernen oder aber durch sie gewarnt werden. Denn in den Geschichten sehen wir oft das Ende der Protagonisten – im Gegensatz zu unserem eigenen Leben. Geschichten können uns fesseln, stören, helfen und uns auch verändern. Die Bibel ist voll davon. Darin entdecken wir Werte und können von dem Verhalten der Akteure lernen. Und vor allem: Wir sehen in den Berichten Gottes Wirken, seinen Charakter und seine Liebe zu uns.

Lies eine ganze Geschichte

Suche dir eine Geschichte aus der Bibel heraus, die du komplett lesen möchtest. Gerade das Alte Testament quillt über von herausragenden Geschichten, die uns heute noch dienen. Doch es liegt an uns, diese zu verstehen und von ihnen zu lernen. Manche Berichte in der Bibel sind auf verschiedene Bücher verteilt. So können diese unterschiedlichen Erzählungen einander ergänzen. Vielleicht beginnst du mit einer eher kurzen und schnell abgeschlossenen Geschichte wie Jona, der den Auftrag bekam, nach Ninive zu gehen und dann in einem großen Fisch landete (Jona 1–4). Längere Geschichten haben eine wunderbare Tiefe, die man nach und nach entdecken kann. Als Beispiel möchten wir in diesem Kapitel Teile vom Leben des Königs Saul betrachten (siehe 1. Samuel).

Verstehe die Geschichte
Wenn du die Geschichte liest, mache dir am besten Notizen dazu und fasse diese für dich zusammen. Was wird hier wirklich beschrieben? Um wen geht es? Welche Geschehnisse entwickeln sich?

Bei der Geschichte von Saul geht es um Folgendes: Saul war zum König gekrönt worden. Vor ihm gab es keinen anderen König in Israel. Nun regierte er über das Volk. In dieser Zeit war es üblich, dass Propheten dem Volk und auch dem König dienten, indem sie als Botschafter Gottes auserkoren waren. Aufgrund des Heiligen Geistes, den Gott ihnen gab, prophezeiten sie den Menschen und brachten ihnen Gottes Anweisungen. In der Geschichte in 1. Samuel 15 bekam König Saul den Auftrag durch den Propheten Samuel, dass er gegen die Amalekiter in den Krieg ziehen und den „Bann vollstrecken" sollte. Denn als das Volk Israel aus Ägypten auszog, hatten sich die Amalekiter ihnen in den Weg gestellt. Der Bann sollte so aussehen, dass Männer, Frauen, Kinder und Tiere getötet werden sollten. Im Kontext des Alten Testamentes und auch aus dem Blick der Heilsgeschichte in der Bibel waren solche Straf- und Gerichtsaktionen üblich. Saul sollte also im Auftrag von Gott eine besondere Strafaktion - das totale Gericht - gegen die Amalekiter vollziehen. Er machte sich auf, dies umzusetzen. Jedoch verschonte Saul nicht nur deren König, sondern er und seine Krieger erbeuteten deren Tiere und nahmen sie mit nach Hause. So sprach Gott abermals zu dem Propheten Samuel, dass Saul seinen Befehl nicht richtig ausgeführt habe. Als Samuel anschließend König Saul zur Rede stellte, wich dieser aus und beschuldigte seine Soldaten der Übeltaten. Ebenso legte er sich die Ausrede zurecht, die Tiere ja Gott opfern zu wollen. Doch Samuel kündigte das Ende seiner Herrschaft an und wollte gehen. Saul hielt ihn jedoch fest und bat darum, dass er sein Gesicht vor den Menschen nicht verlieren möchte und der Prophet doch bleiben solle. Dies ist eine kurze Zusammenfassung der Geschichte. Am besten liest du selbst zuerst einmal diese Geschichte in der Bibel nach (1. Samuel 15), bevor du hier weiterliest.

Lerne von den Charaktereigenschaften
Auch wenn du vielleicht nicht sofort alle Aspekte der Geschichte verstehst oder auch nicht weißt, warum die Menschen oder Gott darin so gehandelt haben, können wir uns nun auf die Suche nach dem Verhalten und den Charakter-

eigenschaften machen. Wenn wir König Saul betrachten, entdecken wir allein in dieser Geschichte Folgendes:

- Er macht sich nach einem Befehl sofort auf.
- Er führt einen Befehl aber nur halbherzig aus.
- Er schätzt eine gute Beute mehr als die Ausführung des Befehls.
- Er schiebt die Schuld schnell auf andere.
- Er findet Ausreden für sein Verhalten.
- Er möchte trotz Erkenntnis seines Fehlverhaltens sein Ansehen bewahren.

Wenn wir diese (und auch weitere) Geschichten von Saul lesen, erkennen wir, dass es meist um ihn selbst und sein Ansehen ging. Ihm stieg die Krone schnell zu Kopf, so dass er sich immer mehr um sich selbst drehte als um Gott und seine Anliegen. Saul beging in dieser Erzählung einen Fehler und man merkt, dass er sich dessen bewusst war. Jedoch redete er sich heraus. Als das nichts brachte, kämpfte er darum, sein Gesicht nicht zu verlieren.

Als Ergänzung: Im Gegensatz dazu sehen wir beim König David das Gegenteil (2. Samuel 12). Als der Prophet Nathan zu ihm kam, um ihn auf seinen Fehltritt hinzuweisen (David beging Ehebruch), reagiert David wie folgt:

- Er sah den Fehler sofort ein.
- Er redete sich nicht heraus.
- Er nahm die Schuld vollkommen auf sich.
- Er tat Busse.
- Er suchte Gott.

David ging es nicht um sein Ansehen. Alle bekamen mit, wie er voll Scham und Trauer über das Urteil war.

Entdecke die Werte

Wenn wir diese Eigenschaften von Saul betrachten, erkennen wir schnell, dass seine Geschichte uns helfen kann. Denn auch wir begehen Fehltritte. Aber wie ist ein angemessener Umgang damit? Die Geschichte von Saul zeigt, dass seine Reaktion falsch war. Denn Gott wandte sich anschließend von ihm ab. Die „Moral von dieser Geschichte“ wäre also:

- Sei korrekt und lass dich nicht versuchen, dich zu bereichern, wo es nicht richtig ist.

- Wenn du einen großen Fehler machst:
  - Rede dich nicht heraus, indem du „fromme“ Ausreden nutzt.
  - Nimm die Schuld auf dich, anstatt sie auf andere zu schieben.
  - ... ist Buße wichtiger als das eigene Ansehen der Person.

Ebenso kann man auch den Propheten Samuel betrachten und erkennen, welche Herzenshaltung er hat. Er rang die ganze Nacht um Saul, obwohl dieser sich falsch verhalten hatte.

Wende die Erkenntnisse an

Wenn du nun die Geschichte gelesen und erarbeitet hast, überlege dir, was dich dabei genau anspricht. Denn der Heilige Geist spricht zu dir, wenn du die Bibel liest. Frage Gott, was du konkret von der Geschichte lernen kannst. Erwarte, dass Gott deine Gedanken leitet. Gehe deine Notizen und auch Gedanken einmal durch. Was sind die Charaktereigenschaften der Personen in der Geschichte und wo entdeckst du vielleicht bei dir selbst Parallelen? Gibt es Übereinstimmungen? Was kannst du von den Personen und ihrem Verhalten lernen? Das Gleiche gilt bei den Werten aus der Geschichte. Welche Werte sind dir persönlich wichtig? Nach welchen Werten würdest du eigentlich gerne leben? Was könnte ein guter Hinweis sein, Dinge sein zu lassen? Wenn wir bei der Geschichte aus 1. Samuel 15 bleiben, wäre es ein guter Beginn, zu überlegen, wo es Bereiche im eigenen Leben gibt, bei denen man Sachen nur halbherzig macht. Suchst du in eigenen Situationen auch schnell nach Ausreden, anstatt zu den eigenen Fehlern zu stehen? Um welches Ansehen geht es dir im Beruf, im Alltag oder unter Freunden?

Du merkst, dass solch eine Geschichte plötzlich einen anderen Tiefgang erhält, wenn wir sie so genau betrachten. In Geschichten stecken viele Werte und Verhaltensmuster, von denen wir lernen können. Sie sind eine Hilfe für unser eigenes Leben. Diese zu entdecken und in die Tiefe der Geschichten der Bibel einzutauchen, ist ein riesiger Gewinn.

Gebet

Lieber Vater im Himmel. Ich danke dir von Herzen für die vielen Geschichten in der Bibel. Danke, kann ich diese nicht nur lesen, sondern hilfst du mir dabei, deine Wahrheiten und Werte darin zu entdecken und selbst danach zu leben. Danke, bist du auf meiner Seite, liebst und führst du mich. Ich liebe dich auch. Amen

Next Steps

1. Suche dir eine Geschichte aus der Bibel und lies sie ganz durch.
2. Mache dir Notizen und versuche, die Charaktereigenschaften und Werte der Geschichte zu entdecken.
3. Überleg dir, wie das Verhalten der Akteure der Geschichte und die Werte daraus dich für dein eigenes Leben inspirieren.

UND GOTT SPRACH ...

Wenn Gott spricht

Wir glauben an einen lebendigen Gott, der uns liebt. Wenn wir in der Bibel lesen - in seinem Wort - dann offenbart sich uns Gott darin. Aber nicht nur das. Wenn Gott lebendig ist und er eine Beziehung mit uns haben möchte, dann ist es natürlich, dass Gott auch heute noch spricht und mit uns kommunizieren möchte. Wie in jeder Beziehung ist gerade der regelmäßige Austausch für ein gesundes Miteinander notwendig. Wie sieht nun der Austausch mit Gott neben der Bibel aus? Wie spricht Gott zu uns? Kann ich dem persönlichen Reden von Gott genauso trauen wie der Bibel? Was tue ich, wenn ich Gott nicht hören kann? Wie offenbart sich Gott dir und mir?

Die Bibel spricht davon, dass Gott uns den Heiligen Geist gegeben hat. Dieser wird uns führen, leiten und zu uns sprechen.

> *Ich hätte euch noch viel zu sagen, aber ihr wärt jetzt überfordert. Doch wenn der Helfer kommt, der Geist der Wahrheit, wird er euch zum vollen Verständnis der Wahrheit führen. Denn was er sagen wird, wird er nicht aus sich selbst heraus sagen; er wird das sagen, was er hört. Und er wird euch die zukünftigen Dinge verkünden. Er wird meine Herrlichkeit offenbaren; denn was er euch verkünden wird, empfängt er von mir.*
> *Johannes 16,12-14 | Die Bibel, Neue Genfer Übersetzung*

Für manche erscheint diese Kommunikation mit Gott zu unsicher oder ungewohnt. Denn so haben wir Aussagen nicht schwarz auf weiß geschrieben, sondern der Heilige Geist redet individuell zu jedem von uns. Dieses Reden zu unserem Inneren kann ganz unterschiedlich aussehen. Für viele klingt das fast gefährlich. Denn was wäre, wenn man sich irrt? Ich möchte dir Mut machen, dich einmal vollkommen auf Gottes Reden einzulassen. Denn Gott ist mit dir. Was kann dir passieren? Nebenbei erwähnt: Oft lesen wir die Bibel auch mit unserem heutigen Verständnis und unserer Kultur, in der wir leben. So ist selbst das Bibellesen nicht immer „neutral“, sondern es braucht auch dazu den Heiligen Geist und Weisheit, alles richtig einzuordnen.

Schließe deine Bibel und höre auf Gott

In diesem Buch geht es darum, durch verschiedene Formen des Bibellesens neue Zugänge zu Gott zu bekommen und deshalb fordere ich dich jetzt auf, die Bibel erst einmal zu schließen. Aber nicht nur das: Lege einmal alles, was dich gerade stören könnte, zur Seite (Handy, Bücher, Zeitschriften, etc.). Suche dir einen entspannenden Ort, wo du dich selbst sein kannst und nicht gestört wirst. Vielleicht ist es dein Bett, dein Sofa oder ein Spaziergang im Wald. Auf Gottes Stimme zu hören, soll nichts Magisches oder Schräges sein, sondern soll ganz natürlich ablaufen. Ich gehe davon aus, dass Gott zu allen von uns spricht. Nur haben es viele leider noch nicht bemerkt, dass es ihr liebender Vater im Himmel ist, der durch seinen Heiligen Geist seine Liebe uns ins Herz flüstert. Für die einen sind es Blitzgedanken oder ein unbekanntes Gefühl bei einer Situation, für andere ist es eine Erkenntnis. Wieder andere haben plötzlich ein Bild vor Augen, das ihnen hilft, einen Moment zu verstehen. Es gibt unzählige Varianten, wie Gott heute noch spricht. Was die Botschaften gemeinsam haben, ist ihr Ursprung: Gott. Folgende Punkte sollen dir helfen, Gott besser zu verstehen.

Öffne dein Herz

Wenn du Gottes Reden hören möchtest, starte mit einem Gebet. Zum einen bittest du Gott um seine Offenbarung, zum anderen zeigt es deinen Wunsch und deine Erwartung, ihm zu begegnen. Vielleicht hast du auch gerade eine konkrete Frage an Gott. Traue dich, ihm diese zu stellen. Wir sind es heute gewohnt, in einer lauten Welt zu leben. Die Werbung „schreit“ uns an, viele kämpfen um unsere Aufmerksamkeit und das Handy hält uns immer up to date. Wirkliche Ruhe haben wir nur noch selten. Darum fällt es uns oft schwer, Gottes feines Reden gut wahrzunehmen. Sei sensibel auf alles, was nach deinem Gebet passiert. Welcher Gedanke kommt dir in den Sinn? Was denkst du gerade? Siehst du etwas? Hörst du etwas? Was riechst du? Was fühlst du? Das ist keine Achtsamkeitsübung, sondern ein Bewusstwerden, dass der Heilige Geist viele Möglichkeiten nutzen kann, um zu dir zu reden. Nun liegt es an dir, dem nachzugehen. Mir hat einmal folgendes Beispiel geholfen: Wenn Gott zu einem spricht, ist es ähnlich, als ob er uns anruft und gleich wieder auflegt. Nun liegt es an uns, ihn zurückzurufen und nachzufragen. Denn er drängt sich nicht auf und liebt es, wenn wir auf ihn zugehen. Wenn du vielleicht einen Gedanken oder auch nur ein Wort hast, gehe diesem nach und frage Gott, was das bedeuten könnte? Warum kommt dir gerade das in den Sinn? Gib nicht so schnell auf und lege auch nicht einen Eindruck vorschnell als „das ist doch nur von mir" ab. So oft begegnet uns Gott „natürlich" und es entsteht daraus etwas „Übernatürliches". Ein kleiner Tipp: Achte auf das Erste und Ungewöhnlichste, was gerade kommt. Meistens ist es Gott, der dir gerade etwas mitteilen möchte.

Ich (Susanna) nehme mir jeden Morgen Zeit, um auf Gott zu hören. Manchmal kommt mir dabei ein Vers aus den Psalmen in den Sinn, den ich dann anschließend ganz durchlese. Auch hatte ich schon mal den Blitzgedanken, meine Agenda aufzuschlagen. Ich wollte Gott begegnen, die Bibel lesen und Gott sagt mir, ich soll meinen Kalender zur Hand nehmen? Ich wollte doch die Bibel lesen und nicht meinen Kalender aufschlagen. Aber ich tat es trotzdem und so sah ich, dass ich ja in wenigen Stunden einen Zahnarzttermin hatte. Den hätte ich doch glatt vergessen. Der Heilige Geist hat mich daran erinnert. Manchmal kommen mir auch die Ereignisse vom Vortag wieder in den Sinn. Das fühlt sich zuerst ganz natürlich und unspektakulär an. Als ob ich einfach den gestrigen Tag reflektiere. Doch dann ist es, als ob Gott mir seine Perspektive davon zeigen würde. Das alles ist für mich sehr wertvoll, weil ich immer wieder erlebe, dass er so viel größer ist und weiterdenkt als ich. Und als mein liebender Vater sortiert er Dinge in meinem Denken, damit sie die richtige Priorität bekommen. Wieder ein andermal kommt mir eine Lösung für ein Problem als Blitzgedanke in den Sinn oder ein Wort für einen meiner Mitmenschen. Was ich dabei liebe, ist der Dialog mit Gott und die persönliche Begegnung mit ihm.

Öffne deine Bibel und vergleiche dein Hören

Sicherlich hast du einen sehr guten Freund, eine gute Freundin, Eltern oder Ehepartner/in. Diese Person kennst du sehr gut, verstehst vielleicht ihre Vorlieben, erkennst, was ihr wichtig oder unwichtig ist. Wenn du nun von jemandem etwas über eine von dir geliebten Person hörst, merkst du sofort, ob das stimmt. Egal, ob du nun ihre Stimme hörst, es liest oder dir berichtet wird. Es hat damit zu tun, dass du diese Person sehr gut kennst und auch viel Zeit mit ihr zusammen verbringst. Dasselbe gilt für deine persönlichen Eindrücken und dem Reden von Gott zu dir. Passt dein Eindruck zu Gott? Viele bleiben nun stehen und gehen nicht diesen nächsten Schritt, um diese Frage zu beantworten.

„Wir können uns nicht erlauben, eine Generation zu sein, die für das übernatürliche Wirken des Heiligen Geistes geht und gleichzeitig nicht verwurzelt ist im Wort Gottes."

Todd White, Pastor und Evangelist

Gott widerspricht sich nicht und steht zu seinen Aussagen und mit seiner Liebe zu uns. Seine Wahrheiten in der Bibel werden sich niemals ändern. Genau wie in einer menschlichen Beziehung ist es notwendig, mit Gott Zeit zu verbringen, um ihn immer besser kennenzulernen. Das bringt uns ihm nicht nur immer näher, sondern wir können immer einfacher das sortieren, was wir von Gott gehört haben. Schlage deine Bibel auf und überprüfe, ob dein Eindruck mit der Bibel zusammenpasst. Vielleicht hast du einen Gedanken, dass du einer anderen Person ein großes Geschenk machen könntest. Oder dir kam in den Sinn, einer Person zu sagen, dass Gott sie liebt (aber dir erscheint das so unsinnig, da sie schon lange Christ ist). Auch wenn du die Bibel noch nicht gut kennst, bemerkst du sicherlich schnell, dass diese Eindrücke den Aussagen von Gottes Wort nicht widersprechen. Dann kannst du getrost mutig sein, dem Eindruck folgen und einen Schritt wagen. Aber es gibt auch Bereiche, bei denen das Ausloten etwas schwerer fällt. Denn passt es wirklich zu Gottes Wort, jemanden zu meiden oder ist es gerade richtig, sein komplettes Bankkonto zu leeren, um es jemanden zu schenken? Da liegt es nun an dir, deine Bibel gut zu kennen, zu suchen, zu forschen und zu finden. Du kannst die in diesem Buch schon beschriebenen verschiedensten Arten dazu nutzen (Internetsuche, Bibelkommentare, Themen-Verslisten, etc.). Tipp: Werde nach Gottes Reden zuerst in deinem eigenen Leben aktiv. Halte dich bei kritischer Zurechtweisung anderer Personen zurück. Da Gott kein Ankläger ist, starte mit Ermutigung der Menschen in deinem Umfeld.

Wir leben heute in einer Zeit, in der oft das Gefühl und die „eigene Wahrheit" das Maß aller Dinge sind. Unabhängig von Fakten biegt man sich Aussagen so hin, dass es für einen selbst gerade passt. Dabei übersieht man jedoch, dass dies einem auf lange Sicht nicht dient. Wenn wir über das Reden Gottes zu uns und der persönlichen Beziehung zu Gott sprechen, wollen wir nicht in diese Falle tappen. Es ist notwendig, auf Gottes Reden zu achten und seine Liebe durch den Heiligen Geist im alltäglichen Leben zu erfahren. Doch ebenso ist es entscheidend, dass wir all das mit den Aussagen und Fakten in der

Bibel „prüfen“. Gott führt uns auf unterschiedliche Art und Weise und gleichzeitig zeigt er sich uns durch sein Wort in der Bibel.

Gebet

Danke, lieber Vater, dass du heute noch sprichst und dich mir offenbarst. Ich staune darüber. Danke, darf ich als dein Kind dir so nahe sein. Bitte hilf mir, dich immer besser zu verstehen und die von dir geschenkten Erkenntnisse einzuordnen. Schenke mir auch den Mut, danach zu handeln. Ich höre auf dich. Amen

Next Steps

1. Bete zu Gott, dass er zu dir spricht und sei sensibel auf sein Reden.
2. Geh deinen ersten Impulsen nach und frage Gott, was sie für dich bedeuten.
3. Prüfe das Gehörte mit den Aussagen aus der Bibel.

GEMEINSAM BIBELLESEN

Gemeinsam lesen

Über Jahrhunderte - seit es die Bibel gibt - war es üblich, das Buch der Bücher gemeinsam zu lesen. Denn nicht jeder besaß eine eigene, gedruckte Ausgabe. So gab es früher kostbare Schriftrollen oder einzelne, handgeschriebene Bibeln. Nach der Erfindung des Buchdrucks waren die Bibeln immer noch so wertvoll, dass man sie als Familienbibel besaß. So war es nicht üblich, dass man einfach kurz alleine im Wort Gottes las, sondern man tat dies fast ausschließlich in der Gemeinschaft. Heute ist es normal, eine eigene Bibel zu besitzen und diese sogar als App auf dem Handy in der Hosentasche zu haben. Zu jeder Zeit an jedem Ort. Das ist ein Geschenk und ein Vorrecht. Doch da Gott ein Gott der Gemeinschaft und Beziehung ist, er das so initiiert hat und das Miteinander liebt, bringt ein gemeinsames Bibellesen neue und wichtige Impulse.

Suche dir andere Menschen

Du hast sicherlich Menschen in deinem Umkreis, mit denen du die Bibel zusammen lesen könntest. Seien es Freunde, dein/e Ehepartner/in, Menschen aus deiner Kirche oder auch in der direkten Nachbarschaft. Denn wenn wir zusammen in Gottes Wort eintauchen, können der Austausch und das Gespräch uns viel weiterbringen, als wenn wir allein die Bibel lesen. Es ist ein Geheimnis von Gott, dass wir so geschaffen sind, um uns gegenseitig zu ergänzen und zu ermutigen. Daraus entsteht etwas Wunderbares. Heutzutage ist es ja nicht einmal mehr notwendig, dass wir uns alle am selben Ort befinden müssen, um uns auszutauschen. So kannst du dich auch über das Internet (Zoom, Skype, etc.) treffen. Oft haben wir Freunde, die eine ähnliche Sicht und ein ähnliches Verständnis zur Bibel haben. Das ist völlig normal. Triff dich mit ihnen. Eine Bereicherung kann es auch sein, sich gerade auch mit Menschen zu umgeben, die die Dinge etwas anders sehen als du selbst. Dadurch können hilfreiche Diskussionen entstehen. Deine Mitleser müssen auch nicht unbedingt Christen sein. Denn auch für dich kann es eine große Bereicherung sein, auf Fragen zu antworten oder biblische Zusammenhänge mit nichtchristlichen Freunden, Verwandten oder Bekannten zu teilen. Hilfreich ist es, einfach mal einen Termin zu finden und zu starten. Man muss nicht gleich eine regelmäßige Bibelgruppe starten, aber wer weiß, vielleicht kann diese daraus entstehen.

Ideen für das gemeinsame Lesen

Im Folgenden möchten wir dir ein paar Gedanken und Ideen mitgeben, wie du die Zeit mit deinen Freunden und Bekannten gestalten kannst. Ein gemeinsames Lesen kann sehr anders als deine persönliche Zeit mit Gott sein. Aber traue dich einmal, dies bewusst so zu gestalten.

Lesen, Austausch und Gebet

Wählt euch zusammen einen Text aus, den ihr entweder vor eurem Treffen oder vor Ort still und jeder für sich liest. Danach macht sich jede Person zum gelesenen Text Gedanken und schreibt sich dazu Notizen auf. Im Austausch geht es darum, unter anderem folgenden Fragen nachzugehen:

- Wo kannst du aus dem Bibeltext eine Verbindung zu deinem Alltag herstellen?
- Was will Gott von dir?
- Welches könnte ein nächster konkreter Schritt sein?

Lasst Raum für eine gute Diskussion und ermutigt euch gegenseitig, konkret zu werden. Auch gerade dann, wenn unterschiedliche Auffassungen oder Meinungen zu dem Bibeltext aufkommen. Denn durch das Miteinander und den Austausch können wir als Christinnen und Christen im Glauben wachsen und gestärkt werden. Die eigene Meinung und das Verständnis bekommen dadurch mehr Substanz und das Glaubensfundament wird gestärkt. Betet anschließend miteinander und legt Gott die Erkenntnisse hin. Bittet ihn um weitere Führung und Hilfe bei der Umsetzung des Erkannten.

> *Eisen wird mit Eisen geschärft, und ein Mensch bekommt seinen Schliff durch Umgang mit anderen.*
>
> *Sprüche 27,17 | Die Bibel, Gute Nachricht*

Gemeinsames Lesen, Schweigen und Gebet

Wir alle wissen, dass ausgesprochene Worte Kraft haben. Ob ich mein Kind lobe oder anschreie, hat ganz andere Auswirkungen. Dies ist aber nicht nur rein psychologisch zu erklären, sondern wir sehen es an vielen Stellen in der Bibel, dass das gesprochene Wort etwas bewirkt: bei der Schöpfung, bei der Gott durch sein Reden alles erschuf oder auch in den Namensbedeutungen, den Hinweisen in den Sprüchen, vielen Texten im Neuen Testament uvm.

Worte haben Macht: Sie können über Leben und Tod entscheiden.

Sprüche 18,21a | Die Bibel, Hoffnung für alle

Wenn ihr nun zusammen die Bibel aufschlägt, lest sie euch vor. Diese ausgesprochenen Wahrheiten von Gott haben schon in sich Kraft und verändern uns positiv. Lest entweder im Wechsel Vers für Vers vor. Alternativ kann auch eine Person die Stellen lesen, während die anderen ihre Augen schließen und zuhören. Da wir heutzutage so viele Dinge allein machen, ist dieses gemeinsame Lesen der Bibel ein ungewohnter Zugang. Anschließend schweigt und kommentiert das Vorgelesene nicht. Lasst den Text wirken. Es kann sein, dass sich einige aus der Gruppe Gedanken dazu machen. Die einen schweifen vielleicht gedanklich ab, andere bleiben an einem Wort hängen, andere wiederum verstehen einzelne Passagen nicht und es kommen Fragen auf. Nach einer Zeit startet mit Gebet. Bringt Gott eure Gedanken zu dem eben gelesenen Text. Erst jetzt ist der Zeitpunkt zum Austauschen gekommen. Dieser Ablauf kann euch helfen, neu an die Texte der Bibel heranzugehen und andere Sachen zu entdecken.

Bibeltexte teilen und Austausch

Alle, die schon mal die Bibel gelesen haben, haben Lieblingsstellen, Geschichten, die einen begeistern oder auch stören und irritieren. Wenn ihr euch trefft, bringen alle verschiedenen Bibelstellen mit:

- Lieblingsverse
- Geschichten, die einen ansprechen
- Geschichten, die einen irritieren und Fragen aufwerfen
- Verse, die einen irritieren und Fragen aufwerfen
- Verse, die das eigene Gottesbild am besten beschreiben
- Verse, die für einen zusammenfassen, wie Jesus ist

Ihr stellt euch gegenseitig diese Bibeltexte vor und erklärt, warum ihr diese Stelle ausgesucht habt. Je nach Zeit tauscht euch gemeinsam darüber aus. Oft können sich so Fragen klären oder auch Inhalte vertieft werden. Achtet darauf, einander zu unterstützen und gerade bei Fragen keine Vorwürfe zu machen. Denn wir sind gemeinsam im Glauben unterwegs und wollen einander stärken.

Unser Körper besteht aus vielen Teilen, die ganz unterschiedliche Aufgaben haben. Ebenso ist es mit uns Christen. Gemeinsam bilden wir alle den Leib von Christus, und jeder Einzelne ist auf die anderen angewiesen.

Römer 12,4–5 | Die Bibel, Hoffnung für alle

Lesen und gemeinsame Ausarbeitung

Seien wir mal offen und ehrlich: Nicht jedem fällt es einfach, sich durch die Bibel zu graben, nachzuforschen und Bibelkommentare nach mehr Infos zu durchforsten. Aber gemeinsam fällt uns das oft etwas leichter. Fast alle in diesem Buch vorgestellten Arten, die Bibel zu lesen, kannst du auch sehr gut mit mehreren Personen umsetzen. Sei es bei einem Text den Querverweisen nachzugehen, ganze Geschichten zu lesen oder sich mit dem Umfeld der historischen Gegebenheiten auseinanderzusetzen. Tut dies gemeinsam, tragt eure Erkenntnisse zusammen und tauscht euch darüber aus. Ihr werdet staunen, was ihr alles entdecken werdet.

Gebet

Lieber Vater im Himmel. Ich bin dir für die Gemeinschaft, die du geschaffen hast, so dankbar. Danke, hast du mir Menschen geschenkt, die mich lieben, ergänzen und ermutigen. Das will auch ich tun. Bitte hilf mir, Menschen zu finden, mit denen ich gemeinsam dein Wort lesen und umsetzen kann. Danke, bist du ein Gott, der mich liebt. Ich liebe dich. Amen

Next Steps

1. Suche dir Personen, mit denen du gemeinsam die Bibel lesen kannst.
2. Nutze verschiedene Ideen, um die gemeinsame Zeit beim Bibellesen zu gestalten.
3. Betet jeweils gemeinsam und ermutigt euch, das Gelesene im Leben konkret umzusetzen.

Lukas

1:37

Bibelübersetzungen

NGÜ Denn für Gott ist nichts unmöglich.

NIV For no word from God will ever fail.

ESV For nothing will be impossibl with God.

KJV For with God nothing shall be impossible.

GNB Für Gott ist nichts unmöglic

HFA Gott hat es ihr zugesagt, und was Gott sagt, das geschieht.

ELB Denn kein Wort, das von Go kommt, wird kraftlos sein.

Übersetzungen studieren

Freunde sollten einem die Wahrheit sagen. Und hoffentlich tun sie das auch immer. Wir gehen mal davon aus, dass niemand dich bewusst anlügt. Aber nur schon, wenn ein paar Freunde getrennt voneinander dir eine lustige Begebenheit einer Geburtstagsfeier erzählen, bekommst du ein ziemlich gutes Bild von der individuellen Wahrnehmung jedes Einzelnen. Denn du hörst dieselbe Geschichte aus verschiedenen Blickwinkeln mit anderen Wörtern, Ausdrücken und auch Sichtweisen. Es wird plötzlich alles bunter, da vielleicht von der einen Person ein Detail betont wird, was der andere gar nicht mitgekriegt hatte. Nicht nur, dass es Freude macht, eine schöne Geschichte mehrmals zu hören; sie wird auch durch die Sichtweisen und Betonung der unterschiedlichen Leute interessanter und man bekommt ein viel umfassenderes Bild von dem, was sich abgespielt hat.

Wenn wir nun die Bibel lesen, gibt es unzählige gute Übersetzungen. Dies ist fast so, als ob man die Erzählungen von anderen Personen hören würde. Denn jede Bibelausgabe hat ihre Stärken, Betonungen und auch Interpretationen des Textes. Durch das gleichzeitige Lesen von unterschiedlichen Bibeln bekommst du eine neue Sicht und mehr Tiefe zu den Geschichten.

Suche dir verschiedene Bibelausgaben

Unsere Deutsche Bibel wurde aus anderen Sprachen übersetzt (Hebräisch, Aramäisch, Koine-Griechisch). So gibt es in jeder Sprache verschiedene Bedeutungen in den Worten, die man je nach Sprache mal genauer oder ungenauer übersetzen kann. Auch schwingen je nach Sprache unterschiedliche Aspekte mit. Sei es wegen der heutigen Kultur, aber auch schon alleine aufgrund der Sprachgegebenheiten an sich. So können die unterschiedlichen Übersetzungen zusammen einen Beitrag dazu leisten, eine sehr gute inhaltliche Nähe zum Grundtext der Bibel zu bekommen.

Du findest verschiedene Bibelausgaben im Handel als auch im Internet oder per App (z.B. YouVersion). Unter www.bibleserver.com kannst du dir die Bibelstellen in unterschiedlichen Übersetzungen gleichzeitig anzeigen lassen. Auch kannst du dort die Bibelausgaben „Probe lesen", wenn du im Begriff bist, dir eine zu kaufen. Wir möchten dich allgemein ermutigen, verschiedene Übersetzungen zu lesen. Denn dies bereichert dein Bibelverständnis und bringt jeweils auch eine neue Frische hinein.

Lies einen Text parallel

Suche dir eine Textstelle aus, die du vertiefen möchtest. Vielleicht sind es ein paar Verse aus deinem normalen Leseplan oder es fällt dir etwas bei einem Vers auf, das du näher betrachten möchtest. Als Beispiel möchten wir ein paar Verse aus dem Psalm 23 nehmen:

Er weidet mich auf einer grünen Aue und führet mich zum frischen Wasser. Er erquicket meine Seele. Er führet mich auf rechter Straaße um seines Namens willen.

Psalm 23,2-3 | Die Bibel, Luther

Er lässt mich in grünen Tälern ausruhen, er führt mich zum frischen Wasser. Er gibt mir Kraft. Er zeigt mir den richtigen Weg um seines Namens willen.

Psalm 23,2-3 | Die Bibel, Neues Leben

Er lagert mich auf grünen Auen, er führt mich zu stillen Wassern. Er erquickt meine Seele. Er leitet mich in Pfaden der Gerechtigkeit um seines Namens willen.

Psalm 23,2-3 | Die Bibel, Elberfelder

Er bringt mich zu einer All-you-can-eat-Bar mit allem, was mein Herz begehrt und liebt [whoa / ja]. Darauf folgt 'ne lange Ruhepause im Chill-out-Raum. Somit kann ich erfrischt und gestärkt zu ihm aufschauen. Er allein zeigt mir, wie ich mit Qualität leben kann. Letztlich geht es um ihn, wie ich seinen Namen ehren kann.

Psalm 23,2-3 | Die Bibel, Volxbibel

Er bringt mich auf Weideplätze mit saftigem Gras und führt mich zu Wasserstellen, an denen ich ausruhen kann.
Er stärkt und erfrischt meine Seele. Er führt mich auf rechten Wegen und verbürgt sich dafür mit seinem Namen.

Psalm 23,2-3 | Die Bibel, Neue Genfer Übersetzung

Er weidet mich auf saftigen Wiesen und führt mich zu frischen Quellen. Er gibt mir neue Kraft. Er leitet mich auf sicheren Wegen und macht seinem Namen damit alle Ehre.

Psalm 23,2-3 | Die Bibel, Hoffnung für alle

Wenn du all die Übersetzungen liest, fällt in dieser Auswahl speziell die Volxbibel ins Auge, da sie eine außergewöhnliche Übertragung und Übersetzung ist. Aber gerade im parallelen Lesen sind solche Versionen ein sehr großer Gewinn und schaffen eine überraschende Nähe zum persönlichem Leben.

Notiere, was auffällt

Wenn wir diese beiden Verse vergleichen, sehen wir je nach Bibelübersetzung leichte Unterschiede. So werden die grüne Aue oder Weide wie auch das frische Wasser anders beschrieben. Was eine saftige Wiese bewirkt, ist für den einen oder anderen vielleicht im übertragenen Sinn ersichtlich, aber je nach Übersetzung wird dies auch verschieden betont:

- Gott stärkt meine Seele.
- Gott erfrischt meine Seele.
- Gott lässt mich ausruhen.
- Gott gibt mir neue Kraft.
- Gott gibt, was mein Herz begehrt.

So erhalten wir recht schnell eine tiefere und klare Bedeutung des Verses. Er wird dadurch greifbarer und lebendiger für unseren Alltag. Wenn wir nun weitergehen, entdecken wir Ähnliches im zweiten Vers:

- Gott verbürgt sich, mich richtig zu führen.
- Gott leitet mich auf sicherem Weg.
- Gott zeigt mir den richtigen Weg.
- Gott führt mich zur Gerechtigkeit.
- Gott zeigt mir, wie ich ein gutes Leben leben kann.

Wenn du nun deine Notizen anschaust, merkst du recht schnell, dass der Vers mehr Tiefe bekommt.

Wende deine Erkenntnisse an

Deine Notizen sind hilfreich, die Wahrheiten aus der Bibel für dein eigenes Leben anzuwenden. Frage Gott, was für dich heute konkret als Action Step dran wäre. Wenn wir diese beiden Verse anschauen, könnten es folgende Punkte sein, die zur Anwendung kommen könnten:

- Ich darf im Alltag ruhig und entspannt sein, weil ich weiß, dass Gott mich führt. Gerade wenn im Leben so vieles parallel läuft, die Arbeit drückt und die Familie mehr Aufmerksamkeit als sonst einfordert, dann weiß ich, dass ich trotzdem ruhig sein darf.

- Wenn meine Seele unruhig ist, kann ich zu Gott kommen. Dort findet meine Seele immer zum Frieden. In allen Stresssituationen im Leben darf ich das zu mir und meiner Seele sagen.
- Wenn der Alltag und das Leben mich ermüden, gibt Gott mir und meiner Seele eine neue Frische. Gott weiß, wenn ich ausgelaugt bin und diese Erneuerung brauche.
- Ich weiß, dass Gott mich im Alltag richtig führen wird.
- Wenn ich heute keine Kraft habe, wird Gott sie mir geben. Auch wenn ich sie noch nicht sehe oder spüre, wird Gott nie zu spät kommen.
- Gott weiß, was ich für ein erfülltes Leben brauche.

Ich (Susanna) erlebe es oft, dass ich ein Erlebnis mit einem Vers mache und erst später am Tag in einer Situation bin, in der ich das Erlebte genau anwenden kann. Dabei merke ich jedes Mal, wie sich die momentane Situation positiv verändert. Es ist ähnlich wie beim Einkauf von Lebensmitteln. Diese kaufen wir auch ein, wenn wir gar noch nicht hungrig sind. Aber so haben wir alles parat, wenn der Hunger kommt. Es ist manchmal eine präventive Handlung.

Verharre nie beim reinen Betrachten und Erarbeiten der Bibel, sondern versuche immer, die Texte in Bezug auf dein eigenes Leben zu verstehen. Dadurch wirst du mehr und mehr Gottes Liebe und Vergebung in deinem Leben spüren und sehen, wie er Wunder wirkt.

Mich erstaunt es, dass man mit dem einfachen Lesen zweier Verse, jedoch mit verschiedenen Ausgaben der Bibel, so schnell tiefere Erkenntnisse bekommen kann. Diese Wahrheiten in der Bibel eröffnen sich immer mehr, wenn wir uns mit Gottes Wort auseinandersetzen. Nutze die heute unglaubliche Möglichkeit, verschiedene Übersetzungen zu lesen und deren Reichtum für dein eigenes Leben anzuwenden.

Variante mit verschiedenen Sprachen

Wenn du verschiedene Sprachen beherrscht, ist es ein großer Gewinn, die Bibel auch in anderen Sprachen zu lesen. Gerade im englischen Sprachraum gibt es unzählige gute Übersetzungen der Bibel. Jede Sprache – sei es Italienisch, Französisch oder Spanisch – hat ihre Feinheiten in gewissen Ausdrücken. So kann das parallele Lesen der Texte der Bibel einen neuen Aspekt offenbaren, da auch immer die sprachliche Kultur mitschwingt. Verschiedene Bibelausgaben dazu findest du im Handel oder auch auf www.bibleserver.com.

Bibelausgaben[1]

Wir möchten dir eine kleine Auswahl verschiedener Bibelübersetzungen vorstellen. So hast du eine Orientierung, welche Betonungen und Sprachstile die Übersetzungen haben. Diese Angaben wurden von der Deutschen Bibelgesellschaft übernommen. Weitere Bibelübersetzungen und deren Charakteristika findest du unter www.die-bibel.de.

Einheitsübersetzung

Sprachstil: Gehobenes Gegenwartsdeutsch, das einerseits bibelsprachliche Archaismen vermeidet, aber andererseits gegenüber der Erstausgabe nun einige charakteristische bibelsprachliche Wendungen wieder eingeführt hat.

Übersetzungstyp: Philologische Übersetzung mit kommunikativen Einschlägen, von Buch zu Buch in unterschiedlichem Ausmaß.

Elberfelder

Sprachstil: Gehoben ohne Altertümlichkeiten; der Grundsatz der Worttreue bedingt eine gewisse Umständlichkeit und Holperigkeit.

Übersetzungstyp: Philologische Übersetzung, die genaue und wortgetreue Wiedergabe anstrebt, auch auf Kosten der „sprachlichen Eleganz“. Soweit sinnvoll, einheitliche Wiedergabe der biblischen Begriffe (eingeschränkt begriffskonkordant). In der revidierten Fassung wurden schwierige Satzkonstruktionen aufgelöst.

---

1 *www.die-bibel.de/bibeln/wissen-zur-bibel/wissen-bibeluebersetzung/deutsche-bibeluebersetzungen-im-vergleich*

Hoffnung für alle
Sprachstil: Einfach, flüssig und eingängig.
Übersetzungstyp: Freie kommunikative Wiedergabe, teils ausdeutend, teils verknappend; das Letztere vor allem im AT. Unmittelbare Verständlichkeit und direkte Anwendbarkeit gehen vor historischer Differenzierung.

Gute Nachricht
Sprachstil: Einfaches modernes Deutsch, begrenzter Wortschatz, unkomplizierte Sätze; keine Vulgärsprache, aber auch keine Kirchensprache.
Übersetzungstyp: Konsequent kommunikative Übersetzung.

Luther 2017
Sprachstil: Gehobener und z.T. altertümlicher Stil; kräftige Luthersprache, stellenweise gemildert durch die Revision.
Übersetzungstyp: Philologische Übersetzung mit starkem kommunikativem Einschlag. Einerseits relativ wörtlich, oft sogar Wort für Wort; andererseits freie Wiedergabe des Sinnes in plastischem Deutsch an Stellen, auf die es Luther besonders ankam (»dem Volk aufs Maul sehen«; so durchgehend in den Psalmen).

Neue Genfer Übersetzung
Sprachstil: Gut verständliches einfaches Deutsch.
Übersetzungstyp: Mischform zwischen philologischer und kommunikativer Übersetzung; von den Übersetzern hinzugefügte Wörter sind durch einfache Anführung gekennzeichnet.

Neues Leben
Sprachstil: Einfache Gegenwartssprache, klar und überwiegend flüssig, aber mit stilistischen Schwächen.
Übersetzungstyp: Kommunikativ; zentrale theologische Begriffe wie „Sünde“oder „Gnade“ werden jedoch beibehalten.

Volxbibel
Sprachstil: Mit Jugendjargon angereicherte Umgangssprache.
Übersetzungstyp: Sehr freie, dem eigenen Anspruch nach jedoch sinngemäße Textparaphrase.

Willkommen daheim

Sprachstil: Flüssiges Gegenwartsdeutsch in schlichten, klaren Sätzen.

Übersetzungstyp: Mit emotionalen und erklärenden Details angereicherte Paraphrasen.

Gebet

Lieber Vater im Himmel. Ich bin dir so dankbar, dass ich heute solch eine großartige Möglichkeit habe, in der Bibel zu forschen und sie zu lesen. Danke, zeigst du mir immer mehr, wie sehr du mich liebst. Ich möchte dich jeden neuen Tag suchen. Danke, lässt du dich immer finden und hilfst du mir in meinem Leben. Ich liebe dich. Amen

Next Step

1. Suche dir verschiedene Bibelübersetzungen und lies dazu einen Paralleltext.
2. Notiere dir die Unterschiede und Erkenntnisse.
3. Wende deine Erkenntnisse auf dein Leben und deine momentane Situation an.

meditierend

lesen

Meditierend lesen

Wenn wir das Wort meditieren hören, denken wir schnell an Buddhismus oder fernöstliche Traditionen anstatt an Gott und die Bibel. So kann es uns abschrecken, wenn wir „meditieren" sollten, da es für einige von uns schon fast bedeutet, sich auf eine andere Religion einzulassen. Dem ist aber absolut nicht so. Meditieren bedeutet nichts mehr als sich in tiefsinnige Gedanken zu verlieren. Was für ein Gewinn wäre es doch, wenn dieser Gedanke, in den man sich „verliert", ein Gedanke der Bibel ist? Wir sind in der westlichen Welt sehr stark vom Intellekt geprägt. Das ist wunderbar. Denn so können wir die Dinge verstehen und begreifen. Jedoch gibt es darüber hinaus noch mehr, was wir entdecken können. Wenn du dich jetzt aufmachst, meditierend die Bibel zu lesen, geht es darum, Gott, unserem Schöpfer auf eine ganzheitliche Art und Weise durch die Texte in der Bibel zu begegnen. Dies kann dein Herz, deinen Verstand, deine Seele und auch deinen Körper ansprechen. Traue dich und wage es, Gott auf eine neue Art zu begegnen.

Lesen allein reicht oft nicht

Vielleicht kennst du das: Du liest ein Kapitel in der Bibel und hast es sofort wieder vergessen. Manchmal schweifen wir mit den Gedanken ab oder aber der Text erschließt sich uns nicht sofort. Und so ist es mühsam, sich tiefer damit zu befassen. Die Bibel zu schließen, kommt einem dann eher so vor wie ein Aufatmen. Im Psalm 1 lesen wir davon, wie ein erfolgreiches und glückliches Leben aussieht:

> *Glücklich zu preisen ist, wer Verlangen hat nach dem Gesetz des Herrn und darüber nachdenkt Tag und Nacht.*
>
> *Psalm 1,2 | Die Bibel, Neue Genfer Übersetzung*

Der Text spricht davon, dass man über das Wort von Gott Tag und Nacht nachdenkt. Vielleicht hast du noch nicht das Verlangen, lange in der Bibel zu lesen; aber es ist ein wertvoller erster Schritt, mit dem Nachdenken zu starten. Das hat Kraft und verändert dein Leben. Durch das Nachsinnen und Meditieren der Verse bekommen wir eine tiefere Einsicht in die Gedanken unseres Gottes. So können Stellen zu einem starken Glaubensfundament werden. Ebenso werden eher schwierige Textstellen nach und nach klarer.

Es gilt, die Bibel zu lesen und sich anschließend damit auseinanderzusetzen. Meditieren ist eine wundervolle Art, genau das zu tun.

Im Folgenden wollen wir dir eine Idee vorstellen, mit der du dich an den Text heranwagen kannst. Vielleicht wirkt für dich einiges zuerst noch ungewohnt. Probiere es trotzdem einmal aus. Denn manchmal sind gerade die ungewohnten Herangehensweisen der größte Gewinn. Starte wie immer mit Gebet und der Erwartung, dass der Heilige Geist dich führt und leitet und auch heute zu dir spricht.

Meditiere mit deinen fünf Sinnen
SEHEN – Visualisiere den Bibeltext
Nimm dir einen Bibeltext und versuche, die Geschichte für dich zu visualisieren. Wie sah es damals aus? In welcher Situation haben sich die Protagonisten befunden? Welche Farbe hatte wohl das Zelt, das Boot, die Gewänder? Wie war wohl das Wetter?

> *Danach stieg Jesus in das Boot und fuhr mit seinen Jüngern weg. Mitten auf dem See brach plötzlich ein gewaltiger Sturm los, so dass die Wellen über dem Boot zusammenschlugen. Aber Jesus schlief.*
> *Matthäus 8,23-26 | Die Bibel, Hoffnung für alle*

Wenn du diesen Text fertiggelesen hast, stelle dir einmal vor, was die Jünger wohl gesehen haben. Aus was für Holzbretter war das Schiff gebaut, in das Jesus stieg? Wie wirkte der Gang von Jesus? Ging er erhaben oder eher schnellen Schrittes? Stell dir vor, wie es ist, auf einem See mit einem Boot zu fahren. Das Wasser plätschert und nach und nach siehst du den Sturm aufkommen. Siehst du, wie die Wellen immer größer werden und gegen das Boot schlagen und das Wasser reinläuft? Fühlst du es? Selbst bei diesem kurzen Moment wird der Text vor deinen inneren Augen schon etwas lebendiger. Man kann die Angst und das Unverständnis der Jünger sehr gut nachfühlen, als Jesus einfach schläft. Durch diese Bilder bekommst du eine klarere Vorstellung in deinem Inneren und kannst die Geschichte fast schon selbst miterleben. Gehe mit diesen Nachempfindungen wieder ins Gebet und besprich mit Gott, was das bei dir alles auslöst und was er dir damit sagen möchte.

Diese Variante ist vor allem bei Geschichten sehr gut umsetzbar. Wenn du die Briefe im Neuen Testament liest, kannst du dir innerlich sicher auch Gedanken dazu machen. So kannst du dir beispielsweise überlegen, wie die Umstände der jeweiligen Gemeinde war. Wie war ihre Umgebung? Wie sah es dort aus?

SCHMECKEN - Probiere den Bibeltext

Vielleicht klingt das für dich ein wenig irrelevant oder eigenartig. Aber probiere dich beim Lesen des Textes mal geschmacklich auf das, was du liest, einzulassen. Welchen Geschmack hat man auf der Zunge auf einem See? Hatten die Jünger einen trockenen Mund vor lauter Panik? Sicherlich ist dieser Sinn nicht bei allen Bibeltexten gleich konkret anwendbar, aber vor allem auch bei den Geschichten möglich.

RIECHEN - Rieche den Bibeltext

Es liegt immer ein Geruch in der Luft. Gerüche können unterschiedliche Emotionen auslösen und auch helfen, Dinge zu verstehen. Wenn es nach Verbranntem riecht, reagieren wir meistens schnell. Mache dir mal ein paar Gedanken, wie es beim Schauplatz einer Geschichte gerochen hat. Beim Beispiel mit dem Boot geht dies recht einfach. Wonach riecht das Holzboot im Wasser? Wie riecht der große See und der Sturm? Wie riechen die Personen um einen herum? Der Gedanke dahinter ist es, dem Text mehr Tiefe und Inhalt zu verleihen. Wenn du zum Beispiel einzelne Verse oder Briefe aus der Bibel liest, kannst du auch dort versuchen, dir vorzustellen, wie es dort wohl gerochen haben muss. Sei es beim Aufschreiben der Geschichte oder in der Situation, die beschrieben wird. Das alles kann dir einen neuen Zugang zum Text eröffnen!

HÖREN - Betone den Bibeltext

Eine weitere Form des Meditierens eines Bibeltextes ist es, diesen laut auszusprechen. Wiederhole den einen Vers, den du gerade liest, immer wieder mit unterschiedlichen Betonungen. Probiere es einmal mit folgendem Vers aus und setze die Betonung immer auf ein anderes Wort. Geh erst weiter mit diesem Kapitel, wenn du dir diesen Vers elf Mal laut vorgelesen hast.

__Mitten__ auf dem See brach plötzlich ein gewaltiger Sturm los, so dass die Wellen über dem Boot zusammenschlugen. Aber Jesus schlief.
Matthäus 8,23-26 | Die Bibel, Hoffnung für alle

Mitten __auf__ dem See brach plötzlich ein gewaltiger Sturm los, so dass die Wellen über dem Boot zusammenschlugen. Aber Jesus schlief.
Matthäus 8,23-26 | Die Bibel, Hoffnung für alle

Mitten auf __dem__ See brach plötzlich ein gewaltiger Sturm los, so dass die Wellen über dem Boot zusammenschlugen. Aber Jesus schlief.
Matthäus 8,23-26 | Die Bibel, Hoffnung für alle

Mitten auf dem __See__ brach plötzlich ein gewaltiger Sturm los, so dass die Wellen über dem Boot zusammenschlugen. Aber Jesus schlief.
Matthäus 8,23-26 | Die Bibel, Hoffnung für alle

usw.

Hast du beim laut Lesen etwas bemerkt? Durch die unterschiedlichen Betonungen bekommt der Text in der Auslegung jeweils einen anderen Schwerpunkt. Mal wird betont, dass es „mitten" auf dem See war, beim anderen Mal, dass es noch „auf" dem See ist oder es sich um „den" einen See handelt. usw. Diese einfache Art des Meditierens erschließt dir den Text ziemlich schnell. Sobald dir dabei etwas auffällt, mache dir wie immer Notizen und halte deine Erkenntnisse fest. So kannst du dein biblisches Fundament und Verständnis ständig ausbauen. Gerade auch bei anderen Schlüsseltexten kommt diese Technik sehr zum Tragen. Probiere es zum Beispiel mal mit den Versen Johannes 3,16 oder Philipper 4,13.

FÜHLEN – Erspüre den Bibeltext

In der Geschichte vom Sturm – mit Jesus im Boot – wollen wir nun noch einen Schritt weitergehen. Zuerst sahen wir in unserem inneren Auge, wie sich wohl alles abgespielt haben könnte. Nun geht es ums Fühlen. Versuche dich mit dem Bibeltext in die Jünger hineinzufühlen. Wie ging es ihnen im Sturm? Hatten sie Angst? Wovor hatten sie Angst? Wie fühlte es sich an, als Jesus dabei schlief? Durch deine Empathie zu den Akteuren der Geschichte kannst du sie zum Leben erwecken und erhältst dadurch mehr Verständnis und die Menschen werden nahbar.

Einen weiteren Aspekt, den du auch in diese Übung einbauen kannst, ist, zusätzlich auch die Umgebung zu erspüren. Was erlebt man im Inneren, wenn man sich auf einem schaukelnden Schiff im Sturm befindet? Wie fühlt es sich an, wenn das Boot aus knorrigem Holz zusammengebaut war? Versuche auch durch diesen Zugang, dich in die Geschichte hineinzudenken.

Meditieren mit Traditionen

Im mittelalterlichen Christentum gab es eine Form der Meditation über Bibeltexte. Die Mönche haben diese „geistliche Übungen" aufgeteilt in:

- Lectio (aufmerksame Lesung)
- Meditatio (gegenstandsfreie Anschauung)
- Oratio (Gebet)
- Contemplatio (gegenständliche Betrachtung, Kontemplation)

Du kannst diese Form wie folgt für dich umsetzen:

- **Lesung:** Lies den Bibelabschnitt langsam und aufmerksam. Tue dies hörend auf Gottes Reden. Lies nicht mit der Absicht, dir mehr Wissen aneignen zu wollen.
- **Meditation:** Wenn dich ein Wort, ein Bild oder ein Satz angesprochen hat, dann meditiere darüber. Wiederhole das Wort oder den Satz immer wieder, indem du es vor dich hinsprichst oder halblaut murmelst und so den Text auch im Körper spürst. Diese Art der Wiederholung der reinen Worte, ohne bewusst über ihren Inhalt nachzudenken, hat trotzdem eine Auswirkung auf uns als ganzheitliche Menschen.
- **Gebet:** Bete zu Gott, dass er dir hilft, den Text und sein Wort für dein Leben richtig zu verstehen und anzuwenden.
- **Kontemplation:** Versuche nun, vor Gott zu schweigen. Du musst den Text nicht aktiv nachdenken, sondern darfst einfach nur sein.

Sicherlich findest du auch noch weitere Arten, wie du persönlich und ganzheitlich an die Bibel herangehen kannst. Vielleicht gehst du nach dem Lesen deiner Bibel in den Wald und versuchst, den Text nachzuerzählen. Oder du denkst beim Kochen über einen bestimmten Vers nach. Nutze auch den

Arbeitsweg, indem du während dieser Zeit immer wieder den einen Vers, den du am Morgen gelesen hast, wiederholst. Es geht allein darum, dass es dir immer einfacher fällt, Tag und Nacht über Gottes liebende Gedanken, die er über dir hat, nachzudenken.

Gebet

Lieber Vater im Himmel. Ich danke dir von Herzen für dein Wort. Ich will lernen, mich auch länger mit deinen Wahrheiten zu beschäftigen, in dem ich immer wieder darüber nachdenke und deine Gedanken nachempfinde. Danke, dass du heute noch zu mir sprichst. Ich liebe dich. Amen

Next Steps

1. Suche dir einen bestimmten Bibeltext heraus, den du betrachten möchtest.
2. Wähle dir eine Art des Meditierens über den Text aus und nimm dir dafür ausreichend Zeit.
3. Mach dir zu deinen Erkenntnissen Notizen.

Bibel Outdoor

Kennst du das auch? Wenn einen etwas wirklich beschäftigt, braucht man manchmal Bewegung, um darüber nachzudenken. Vielleicht ist es die schlechte Nachricht aus der Schule der Kinder oder aber ein Problem bei der Arbeit. Aber schon nach einer kurzen Runde zu Fuß in der Nachbarschaft bekommt man den Kopf wieder frei und denkt klarer. Bewegung hilft (gerade auf lange Sicht) beim Denken. So ist es nicht einfach die Sauerstoffzufuhr, sondern die Abwechslung und das Training an sich, die einen positiven Effekt auf uns haben. Ist man körperlich in Bewegung, kann man sich auch gedanklich besser bewegen und bekommt mehr Klarheit. Wenn wir nun „laufend die Bibel lesen", dann wollen wir uns gerade das zu Nutze machen: körperliche und gedankliche Beweglichkeit, Abwechslung und einen neuen Zugang zum größten Schatz, der Bibel.

Lies einen Bibeltext

Je nachdem wie es für dich am besten passt, lies doch den Bibeltext zuhause oder unterwegs. Suche dir eine Stelle aus, mit der du dich beschäftigen möchtest und lies den Abschnitt. Das kann nur ein einzelner Vers sein oder aber auch ein ganzes Kapitel. Bevor du dich dann mit dem Inhalt weiter beschäftigst, gehe nach draußen.

Gehe spazieren

Nimm dir Zeit, in deiner Umgebung spazieren zu gehen. Optimal gehst du nicht nur fünf Minuten kurz um dein Quartier, sondern nimmst dir etwas mehr Zeit. So hast du die Möglichkeit, dich tiefer mit dem Bibeltext auseinanderzusetzen. Vielleicht hast du deine Bibel oder deine Bibel-App mit dabei. Aber der Fokus ist nicht, im Gehen die Bibel zu lesen, sondern über das Gelesene nachzudenken. Versuche dir beim Gehen folgende Überlegungen zu machen:

Was habe ich gelesen?

Versuche dir gedanklich oder auch laut das Gelesene in Erinnerung zurückzuholen. Worum ging es in diesem Bibelabschnitt? Versuche den Text in deinen eigenen Worten wiederzugeben. Du kannst das laut oder natürlich auch einfach in Gedanken machen. Falls es dir unangenehm ist, solche Selbstgespräche laut zu führen, ziehe dir doch einfach Kopfhörer über die Ohren. Dann störst du dich selbst nicht mehr und die Leute denken, du seist am Telefon.

Was löst der Text bei dir aus?
Sicherlich hast du das auch schon einmal erlebt: Du liest einen Vers und das löst eine bestimmte Emotion in dir aus. Das kann Ärger, Unverständnis sein oder aber auch ein Gefühl der Annahme und Wertschätzung. Achte darauf, was der Text mit dir persönlich macht und auslöst. Wenn es eine Geschichte ist, die du gelesen hast, kannst du dir beim Spazieren auch Gedanken darüber machen, wie du selbst reagiert hättest, wenn dir die Geschichte widerfahren wäre. Was hätte das bei dir für Reaktionen ausgelöst? Solche Fragen können dir helfen, dass der Text für dich plötzlich persönlich wird. Versuche zu verstehen, warum diese Gefühle bei dir hochkommen. Es ist gut möglich, dass dich der Heilige Geist auf etwas aufmerksam machen möchte. Ärgert dich zum Beispiel ein Text oder eine Aussage, gehe dem auf den Grund. Vielleicht reibt dich eine Ungerechtigkeit auf oder es kann auch einfach sein, dass du etwas nicht einordnen kannst und Gottes Verhalten irritierend findest. Solches „Nicht verstehen können" kann dir helfen, einen neuen Fokus zu bekommen: Wie kann ich Gott mehr verstehen? Wie kann ich ihm mehr vertrauen? Vielleicht ist es aber auch genau das Gegenteil und du fühlst du dich von einem Text sehr angesprochen. Dann frage dich: Warum berührt dich diese Stelle so sehr? Welches Bedürfnis wird in dir dadurch geweckt? Welche Sehnsucht wird dadurch in dir gestillt? Nutze dein Empfinden, um tiefer in den Text einzutauchen. Vielleicht liest du einzelne Verse unterwegs noch einmal nach, um anschließend wieder darüber nachzudenken.

Bleib stehen
Kennst du das? Wenn man zu zweit unterwegs ist und sich angeregt unterhält, kann es sein, dass man selbst - oft unbewusst - kurz stehenbleibt, um etwas zu sagen oder zu kommentieren. Wenn man völlig ungläubig hört, was der andere gerade gesagt hat und erstaunt ist oder aber, wenn man etwas aufgebracht seinen Standpunkt deutlich machen will. Es heißt darum, seinen „Standpunkt" zu vertreten.

Wenn du nun in deinen Gedanken den Text durchgehst, achte auch auf deinen Körper. Wieso bleibst du bei diesem Punkt gerade stehen? Ist das für dich überraschend oder regt dich auch etwas auf? Manchmal kann dir der Körper da Signale geben, Dinge zu verdeutlichen. Auch wie schnell oder langsam du manchmal unterwegs bist, kann dir ein Zeichen für dein Innerstes geben. Das passiert automatisch. Anhand deiner Körperhaltung kannst du zum Teil sehen, was dich gerade beschäftigt. Stresst dich ein Gedanke - und du gehst schneller - oder bist du am Grübeln - und gehst langsamer. Hast du einen klaren Fokus - und schaust gerade nach vorne - oder sinnierst du über Dinge nach und suchst nach Antworten - und blickst zu Boden.

Natürlich kann es sein, dass du auch ganz entspannt einen Spaziergang machst und mit dir selbst im Gespräch über den Bibeltext nachdenkst. Dann nutze unbedingt die Abwechslung und bleib für ein paar Momente stehen. Schau dich um und denke weiter über den Text nach. Die körperliche Abwechslung hilft dir dabei.

Schreibe deine Gedanken auf

Nun hast du dir über Gottes Aussagen in seinem Wort eine Menge Gedanken gemacht. Dies allein ist für dich persönlich schon ein großer Gewinn. Denn wenn wir uns mit guten Dingen beschäftigen, hat das immer auch einen guten Einfluss auf uns. Ein weiterer Schritt wäre es jedoch, wenn du dir deine Erkenntnisse aufschreibst. Sei es in einem schönen Notizbuch oder auch in deinem Handy. Notiere dir dabei folgende Aspekte:

- Welchen Bibeltext hast du gelesen?
- Was hat der Text bei dir ausgelöst?
- Welche Textstelle hat dich langsamer/schneller gehen lassen?
- Wo bist du stehengeblieben?
- Was hast du durch den Bibeltext gelernt?
- Was möchtest du jetzt deswegen tun oder lassen?

Das Aufschreiben kannst du unterwegs machen oder wenn du wieder zuhause angekommen bist. Wenn du Dinge aufschreibst, behältst du deine Erkenntnisse besser in Erinnerung. Selbst dann, wenn du deine Notizen nie wieder lesen würdest. Denn du fasst durch das Schreiben die wichtigsten Punkte zusammen. Dieses Wechselspiel von Lesen, Bewegung und Schreiben kann dir zu einem wertvollen Gewinn werden. Denn gerade die Abwechslung ist es, die dir helfen kann, Gott neu und tiefer kennenzulernen. Ich (Susanna) nutze gerade Notizen, um Gott und auch mich selbst immer besser kennenzulernen. Ich schreibe jeweils auch das Datum auf und lege die Karten ab.

Hin und wieder lese ich dann bewusst am selben Datum des Jahres danach die alten Aufzeichnungen und staune regelmäßig, was Gott in dieser Zeitspanne alles in meinem Leben getan hat.

Gebet

Lieber Vater im Himmel. Ich danke dir von Herzen für meinen Körper und dass ich mich bewegen kann. Danke, hilfst du mir dabei, meine Gedanken über dich und dein Wort immer besser zu sortieren, einzuordnen und zu verstehen. Ich will deinen Willen in meinem Leben tun. Denn ich weiß, wie sehr du mich liebst. Und ich liebe dich auch. Amen

Next Steps

1. Lies einen Bibelabschnitt, über den du dir Gedanken machen möchtest.
2. Mache einen Spaziergang und denke über den Text und dich persönlich nach.
3. Schreibe deine Gedanken und Erkenntnisse auf. Mache anschließend mutige Schritte, diese umzusetzen.

Forschend lesen

Wir leben heute in einer Zeit, in der alles unglaublich schnell geht. Noch nicht vor allzu langer Zeit machte man sich auf, fuhr zur Videothek, um sich einen Film auszuleihen, um dann wieder nach Hause zu fahren, damit man sich den Film ansehen konnte. Heute ist alles per Swipe auf dem eigenen Handy abrufbar. Soeben das T-Shirt bestellt und - wenn möglich - schon am nächsten Morgen geliefert bekommen. Als Kind habe ich immer davon geträumt, per Video mit der ganzen Welt telefonieren zu können. Das ist heute Realität. Es geht alles sofort und man bekommt die Antwort „instant". Man schreibt eine Kurznachricht und erwartet - wenn möglich - innerhalb von Minuten eine Antwort. Wir sind heute in allen Lebensbereichen unglaublich schnell unterwegs. Wehe, wenn mal etwas ein wenig länger dauert, dann verlieren wir ganz schnell die Geduld und wenden uns wieder etwas Neuem zu. Wir sind die Generation mit der kürzesten Aufmerksamkeitsspanne; einige haben die eines kleinen Welpen, welches sich beim Erkunden seiner Welt sofort und beständig ablenken lässt, bis es wieder müde wird und einschläft. Doch dabei übersehen wir die Schätze in dieser Welt, die es zu entdecken gilt. Wenn wir schon nur die Natur (wirklich) betrachten, sehen wir Unvorstellbares. Gehen wir wieder einmal über eine Wiese, den Strand oder einen Wüstenboden hinweg, so denken wir: „Schön ... und weiter." und übersehen so die vielen Wunder Gottes. Jeder Forscher staunt über die Vielfalt von Leben und Organismen, die sich überall entdecken lassen: im tiefsten Ozean, in der Salzwüste, am Amazonas. Doch, um diese zu sehen und ihre Lebensweise zu verstehen, braucht es Zeit und Hartnäckigkeit. Diese wird mit Staunen über Gottes Schöpfung belohnt.

Nun wollen wir auch eine gewisse Hartnäckigkeit an den Tag legen, wenn es darum geht, die Texte der Bibel zu entdecken. Ihnen möchten wir auf den Grund gehen, um hinter ihre Geheimnisse zu kommen. Denn auch dort verstecken sich Schätze und Verborgenes, was uns zum Staunen bringt. Aber um diese zu finden, braucht es auch Zeit und etwas Geduld. Wenn du dir diese Zeit nimmst, wirst du noch mehr über Gottes Wort staunen. Versprochen.

Beobachte

Suche dir einen Bibeltext von ein paar Versen aus. Lies ihn nicht nur losgelöst, sondern entdecke auch die Abschnitte davor und danach. Das kann ein ganzes Kapitel oder eine Geschichte sein. Beginne wie ein Detektiv zu beobachten, was dort steht. Schaue dir den Text genau an und beginne nicht zu interpretieren, sondern beobachte einfach genau. Es geht zuerst einmal „nur“ um das Wahrnehmen des Textes. Du begibst dich auf Spurensuche, was hier eigentlich passiert ist. Achte auch auf bestimmte Wörter oder Zusammenhänge. Die weisen wiederum den Weg zu einem tieferen Verständnis. Halte Ausschau nach Wörtern wie „und“, „aber“, „oder“, „doch“, „dass“, „weil“, „wenn“, „dann“, „trotz“, „obwohl“, und so weiter. Du wirst staunen, was du dabei entdecken kannst. Vielleicht liest du den Text gleich zweimal durch. Wenn du magst, markiere gleich diese genannten Worte.

Stelle Fragen

Nun geht es darum, einen Schritt weiterzugehen. Stelle Fragen an den Bibeltext. Was steht dort wirklich? Wer hat was getan oder gelassen? Was verstehe ich? Was lasse ich stehen, weil ich es im Augenblick nicht verstehe? Wo hat sich Gott offenbart? Was werden für Aussagen über den Glauben getroffen? In welchem Zusammenhang steht dieser Bibeltext? Wer sagt dort was zu wem?

Vielleicht entstehen dadurch noch mehr Fragen zu diesem Text. Traue dich, diese Fragen zu stellen und suche und forsche nach Antworten. Gib nicht zu schnell auf.

Interpretiere

Fang erst jetzt damit an, deine Ergebnisse zu interpretieren. Was ist die Aussage des Textes? Gibt es vielleicht den einen Schlüsselvers im Kapitel, um den sich alles dreht? Durch deine Beobachtungen und Fragen kannst du die Botschaft der Verse zusammenfassen. Jede Geschichte hat eine Aussage oder Moral. Versuche herauszubekommen, warum dieser Text geschrieben worden ist. Was sollte damit zum Ausdruck kommen? Was zeigt er von Gottes Liebe und seiner Art? Wenn du damit beginnst, sei ganz entspannt und schaue, wie du diesen Text verstehst. Es ist so, wie wenn du die Natur beobachtest: Einige Personen sehen dort Käfer und die anderen die Bäume, obwohl beide in die gleiche Richtung schauen.

Vergleiche
Wenn du nun eine Aussage und Interpretation erarbeitet hast, beginne damit, deinen Text mit anderen Bibelstellen zu vergleichen. Wo findest du eine Art Bestätigung deiner erkannten Aussage? Du kannst wie immer gut die schon oft hier erwähnten Hilfsmittel wie eine Konkordanz oder den Bibleserver im Internet mit der Suchfunktion nutzen. Gibt es vielleicht auch Stellen in der Bibel, die genau das Gegenteil deiner Interpretation behaupten? Gibt es eine Ergänzung? Halte bei deiner Spurensuche durch und habe Geduld beim Weiterforschen. Gute Angebote im Internet dazu sind www.bibleserver.com oder www.csv-bibel.de.

Wende an
Jetzt hast du dir sehr viel Arbeit mit dem Text gemacht. Nun sollst du die Früchte davon ernten. Denn was hat dies nun alles mit deinem persönlichen Leben zu tun? Wir glauben an einen lebendigen Gott, der sich uns auch in der Bibel offenbart. Seine Liebe wird darin sichtbar. Wie kannst du nun deine Entdeckungen auf dein Leben anwenden? Welchen konkreten Bereich deines Lebens sprechen deine Erkenntnisse an? Was zeigt der Text von Gottes Art und Weise? Schreibe dir wie immer auch diese Aspekte auf. Es kann sein, dass du neu lernst, etwas anzupacken oder sein zu lassen. Vielleicht ist es dran, nach dem Bibellesen Gott mehr machen zu lassen, als immer alles selbst in die Hand zu nehmen. Werde konkret. Vielleicht bist du zurzeit voller Sorgen und Gott schenkt dir eine Erkenntnis, dass er sich um dich sorgt und du keine Angst vor der Zukunft haben musst.

Ich möchte dir von ganzem Herzen Mut machen, dir Zeit für das Forschen in der Bibel zu nehmen. Denn es passiert so schnell, dass wir die wahren Schätze in Gottes Wort übersehen und uns etwas Wertvolles entgeht. Ich liebe es, in einem Kapitel zu verweilen, zu forschen und zu suchen, bis der Heilige Geist mir etwas deutlich macht. Mal durch das beschriebene Forschen, mal durch ein plötzliches „Highlighten“ eines Schlüsselverses, mal durch die Geduld und Hartnäckigkeit, nicht eher vom Text loszulassen, bis Gott mich dadurch gesegnet hat. Wir können die gleiche Beharrlichkeit wie Jakob aus der Bibel an den Tag legen, als er mit einem Engel gekämpft hat.

Ich lasse dich nicht eher los, bis du mich gesegnet hast!

1. Mose 32,27 | Die Bibel, Hoffnung für alle

Durch deine Suche wird Gott sich finden lassen. Er wird dich segnen und zum Segen für andere werden lassen. Gib nicht auf. Bleibe dran. Denn dann entdeckst du die Schönheit Gottes in seinem Wort.

Aber alle, die ihre Hoffnung auf den Herrn setzen, bekommen neue Kraft. Sie sind wie Adler, denen mächtige Schwingen wachsen. Sie gehen und werden nicht müde, sie laufen und sind nicht erschöpft.

Jesaja 40,31 | Die Bibel, Hoffnung für alle

Gebet

Lieber Vater im Himmel. Ich bin dir so dankbar für deine Bibel. Danke, hast du sie mir und uns gegeben. Es tut mir leid, dass ich oft so ungeduldig bin, dich darin zu finden. Bitte hilf mir beim Forschen und Suchen. Danke, lässt du dich immer wieder finden. Das hast du uns versprochen. Ich liebe dich. Amen

Next Step

1. Nimm dir wirklich ausreichend Zeit, um einen Bibeltext zu lesen.
2. Gehe mit dem Text durch die oben beschriebenen Schritte.
3. Werde bei deiner persönlichen Anwendung des Bibeltextes praktisch und konkret.

εκα χιλιάδας ἀνδρῶν 5καὶ κατέλαβον τὸν Αδωνιβεζεκ ἐν τῇ Βεζεκ καὶ
κοψαν τὸν Χαναναῖον καὶ τὸν Φερεζαῖον. 6καὶ ἔφυγεν Αδωνιβεζεκ, καὶ
ατελάβοσαν αὐτὸν καὶ ἀπέκοψαν τὰ ἄκρα τῶν χειρῶν αὐτοῦ καὶ τὰ ἄκρα
Αδωνιβεζεκ Ἑβδομήκοντα βασιλεῖς τὰ ἄκρα τῶν χειρῶν αὐτῶν καὶ τὰ
κομμένοι ἦσαν συλλέγοντες τὰ ὑποκάτω τῆς τραπέζης μου· καθὼς οὖν
μοι ὁ θεός. καὶ ἄγουσιν αὐτὸν εἰς Ιερουσαλημ, καὶ ἀπέθανεν ἐκεῖ. 8Καὶ
Ιερουσαλημ καὶ κατελάβοντο αὐτὴν καὶ ἐπάταξαν αὐτὴν ἐν στόματι
σησαν ἐν πυρί. 9καὶ μετὰ ταῦτα κατέβησαν οἱ υἱοὶ Ιουδα τοῦ πολεμῆσαι
τοικοῦντα τὴν ὀρεινὴν καὶ τὸν νότον καὶ τὴν πεδινήν. 10καὶ ἐπορεύθη
ν τὸν κατοικοῦντα ἐν Χεβρων, καὶ ἐξῆλθεν Χεβρων ἐξ ἐναντίας· καὶ
ρότερον Καριαθαρβοξεφερ. καὶ ἐπάταξαν τὸν Σεσσι καὶ Αχιναан καὶ
ακ. 11καὶ ἀνέβησαν ἐκεῖθεν πρὸς τοὺς κατοικοῦντας Δαβιρ· τὸ δὲ
οσθεν Καριαθσωφαρ, πόλις γραμμάτων. 12καὶ εἶπεν Χαλεβ Ὃς ἐὰν
μάτων καὶ προκαταλάβηται αὐτήν, δώσω αὐτῷ τὴν Ασχα θυγατέρα
ατελάβετο αὐτὴν Γοθονιηλ υἱὸς Κενεζ ἀδελφοῦ Χαλεβ ὁ νεώτερος,
Ασχα θυγατέρα αὐτοῦ εἰς γυναῖκα. 14καὶ ἐγένετο ἐν τῇ εἰσόδῳ
θονιηλ τοῦ αἰτῆσαι παρὰ τοῦ πατρὸς αὐτῆς ἀγρόν, καὶ ἐγόγγυζεν
Εἰς γῆν νότου ἐκδέδοσαί με. καὶ εἶπεν αὐτῇ Χαλεβ Τί ἐστίν σοι;
μοι εὐλογίαν, ὅτι εἰς γῆν νότου ἐκδέδοσαί με, καὶ δώσεις μοι
αὐτῇ Χαλεβ κατὰ τὴν καρδίαν αὐτῆς λύτρωσιν μετεώρων καὶ
υἱοὶ Ιοθορ τοῦ Κιναιου τοῦ γαμβροῦ Μωυσέως ἀνέβησαν
τῶν υἱῶν Ιουδα εἰς τὴν ἔρημον τὴν οὖσαν ἐν τῷ νότῳ
ος Αραδ, καὶ κατῴκησαν μετὰ τοῦ λαοῦ. — 17καὶ
τοῦ ἀδελφοῦ αὐτοῦ καὶ ἔκοψεν τὸν Χαναναῖον
ξωλέθρευσαν αὐτούς, καὶ ἐκάλεσεν τὸ ὄνομα
κ ἐκληρονόμησεν Ιουδας τὴν Γάζαν οὐδὲ τὰ
α οὐδὲ τὰ ὅρια αὐτῆς οὐδὲ τὴν Ακκαρων
Ἄζωτον οὐδὲ τὰ περισπόρια αὐτῆς.
αὶ ἐκληρονόμησεν τὸ ὄρος· ὅτι οὐκ
οὺς κατοικοῦντας τὴν κοιλάδα, ὅτι
αὶ ἔδωκαν τῷ Χαλεβ τὴν Χεβρων,
αὶ ἐκληρονόμησεν ἐκεῖθεν τὰς
. 21καὶ τὸν Ιεβουσαῖον τὸν
οὐκ ἐκληρονόμησαν οἱ υἱοὶ
ὁ Ιεβουσαῖος μετὰ τῶν υἱῶν
ημ ἕως τῆς ἡμέρας ταύτης.
υἱοὶ Ιωσηφ καί γε αὐτοὶ εἰς
ριος ἦν μετ᾽ αὐτῶν. καὶ
αὶ κατεσκέψαντο Βαιθηλ· τὸ
πόλεως αὐτῶν ἦν ἔμπροσθεν
εἶδον οἱ φυλάσσοντες, καὶ
ξεπορεύετο ἐκ τῆς πόλεως· καὶ
ν καὶ εἶπον αὐτῷ Δεῖξον ἡμῖν τῆς
εἴσοδον, καὶ ποιήσομεν μετὰ σοῦ
ἔδειξεν αὐτοῖς τὴν εἴσοδον τῆς
ἐπάταξαν τὴν πόλιν ἐν στόματι
ὸν δὲ ἄνδρα καὶ τὴν συγγένειαν
έστειλαν. 26καὶ ἐπορεύθη ὁ ἀνὴρ
τιν καὶ ᾠκοδόμησεν ἐκεῖ πόλιν
τὸ ὄνομα αὐτῆς Λουζα· τοῦτο
τῆς ἕως τῆς ἡμέρας ταύτης.
εν Μανασση τὴν Βαιθσαν, ἥ
πόλις, οὐδὲ τὰς θυγατέρας
περίοικα αὐτῆς οὐδὲ τὴν
τὰς θυγατέρας αὐτῆς
οικοῦντας Δωρ οὐδὲ
αὐτῆς οὐδὲ τὸν
Βαλακ οὐδὲ τὰ
ῆς οὐδὲ τὰς
αὐτῆς οὐδὲ
τοικοῦντας
οὐδὲ τὰ
κα αὐτῆς
τὰς

im Urtext forschen

Im Urtext forschen

In der Schweiz laufen die meisten Filme im Kino in der Originalsprache. Da wir ein viersprachiges Land sind, sind wir es uns gewohnt, unterschiedliche Sprachen zu hören und diese auch zu sprechen. Zum Lernen der englischen Sprache zum Beispiel sind die Kinofilme aus Hollywood sehr hilfreich. Schaut man sich dann denselben Film später ein zweites Mal auf einem Streaming Anbieter in einer Übersetzung an, ist man manchmal etwas enttäuscht. Es ist zwar der gleiche Film und Inhalt, jedoch geht etwas Magie verloren; nicht nur von der jeweiligen individuellen Stimme der Schauspieler/innen, sondern auch aufgrund der Übersetzung. Wir kennen es ja alle, dass man nicht immer alles so genau in jede Sprache übersetzen kann. Selbst innerhalb einer eigenen Sprache und eines Landes gibt es zum Teil Unterschiede in Dialekten und Bedeutungen einzelner Ausdrücke. Was man in Norddeutschland üblicherweise sagt, gilt für Bayern nicht unbedingt. Dies mögen vielleicht Feinheiten sein, doch wenn wir genau diese Nuancen verstehen, öffnen sich neue Details in Interpretationen, Inhalt und Humor.

Die Bibel wurde in Hebräisch, Griechisch (Konie) und zum Teil auch in Aramäisch geschrieben. Auch diese Sprachen haben ihre Eigenarten und Feinheiten, die es zu entdecken gilt. Aber keine Angst. Du musst jetzt nicht eine neue Sprache lernen, um tiefer in die Bibel einzutauchen. Es gibt zum Glück heute viele Tipps, Tricks und Hilfsmittel, um diese Details trotzdem zu entdecken.

Hole dir Hilfsmittel

Die Bibel wurde nicht in der deutschen Sprache geschrieben. Wir lesen immer einen übersetzten Bibeltext. Man spricht bei der Originalsprache der Bibel jeweils vom „Grundtext“. Dieser Text der Bibel legt den Grund jeder Übersetzung, soweit sich diese daran orientiert hat. Es gibt auch sehr gute Übertragungen von bereits erfolgten Übersetzungen.

Eine gute Bibel, um die Bedeutung der Original-Wörter und Grammatik zu erhalten, ist die „Elberfelder Studienbibel mit Sprachschlüssel“. Diese Bibel hat zu sehr vielen Worten im Text jeweils einen Hinweis auf das griechische/hebräische Wort. Dazu findet man jeweils eine Wortbedeutung. Du findest eine ähnliche Form der Studienbibel auch im Internet unter www.bibelkommentare.de oder auch unter www.csv-bibel.de. So ist es dir sofort möglich, Aspekte des

Grundtextes zu lesen und zu verstehen. Es gibt in verschiedenen Bibelapps auch Verweise auf die jeweiligen Wortbedeutungen (z.B. YouVersion). Diese Hilfsmittel sind notwendig, um dich auf diese Art des Bibellesens einzulassen.

Entdecke den Grundtext

Nimm dir nun einen Bibeltext oder auch nur einen einzelnen Vers vor, um ihn tiefer zu betrachten. Lies den Vers sogar mehrmals durch. Schlage die Wörter nach, die dir in irgendeiner Form auffallen und begib dich auf die Suche nach deren Bedeutung. Mit folgendem Vers möchte ich das verdeutlichen:

> *Eins habe ich vom Herrn erbeten, danach trachte ich: zu wohnen im Haus des Herrn alle Tage meines Lebens, um anzuschauen die Freundlichkeit des Herrn und nachzudenken in seinem Tempel.*
>
> *Psalm 27,4 | Die Bibel, Elberfelder Studienbibel*

Mit dem oben genannten Hilfsmittel kann man dies einfach herausfinden. Je nach Tool werden die Hinweise zu den einzelnen Wörtern angezeigt oder vertiefende Hinweise gegeben. Lass uns einzelne Wörter aus dem Text von Psalm 27 in ihrer ursprünglichen Sprache näher betrachten.

Haus = bajit

Bedeutung:

- Haus, Wohnung aus Lehm, Ziegeln, Steinen, Raum für Menschen und Tiere, auch Palast
- Gotteshaus, meist der Tempel Gottes
- Haus im übertragenen Sinn
- Hausgemeinschaft, Familie

anzuschauen = hasah

schauen, sehen. Sehen, im Sinne von Erleben, mit Freude (oder Schadenfreude). Genau betrachten oder beobachten, mit dem Verstand erkennen oder erfahren. Das Visionäre sehen, empfangen einer Offenbarung.

Freundlichkeit = nô'am

Freundlichkeit, Freundlichkeit, Entzücken, Schönheit, Gunst, Freude, Süße, Güte, Lieblichkeit, Pracht, Genuss

nachdenken = baqar
forschen, erforschen, untersuchen, überlegen, annehmen

Tempel = hekal
Palast, Tempel. Wird oft parallel zu Haus verwendet, meint jedoch vor allem eine königliche Residenz. In Bedeutung des Tempels meint es Gottes Tempel. Im Tempel von Jerusalem, den Salomo bauen ließ, bezeichnet es den mittleren Raum, das Allerheiligste des Tempels. Der Tempel galt als der von Gott erwählte Ort seiner Gegenwart.[2]

Wenn wir den Bibeltext mit den Originalwörtern näher betrachten, erfassen wir nach und nach noch eine tiefere Bedeutung des Textes. Je nach Hilfsmittel kann nun auch die Grammatik betrachtet werden. Denn in den Originalsprachen der Bibel hat die Grammatik zum Teil eine noch andere Bedeutung als in der deutschen Sprache. So kann beispielsweise erkannt werden, ob eine Sache in der Vergangenheit begonnen hat, aber noch nicht abgeschlossen ist oder schon geendet hat. Wir wollen uns bei diesem Text jedoch auf diese einzelnen Wörter beschränken.

Lies mit der Bedeutung des Grundtextes
Du kennst bereits die genauen Wortbedeutungen. Jetzt geht es nun darum, diese in den Text einfließen zu lassen und so zu lesen. Die Bibelstelle könnte man nun wie folgt ergänzen.

> *Eins habe ich vom Herrn erbeten, danach trachte ich: zu wohnen im Haus/im Tempel/ in der Hausgemeinschaft/ in der Familie des Herrn alle Tage meines Lebens, um anzuschauen/erleben mit Freude/genau beobachten/eine Offenbarung erhaltend die Freundlichkeit/Schönheit/Freude/Süße/Güte des Herrn und nachzudenken in seinem Tempel/Gottes Gegenwart/dem Allerheiligsten/ der königlichen Residenz.*
>
> *nach Psalm 27,4 | Die Bibel, Elberfelder Studienbibel*

---

2 *Wortbedeutungen entnommen aus Elberfelder Studienbibel, mit Sprachschlüssel und Handkonkordanz, SCM R. Brockhaus, Witten*

Und plötzlich sehen wir in diesem Vers ganz neue Aspekte. Was zu Beginn noch als einfaches Anschauen begann, gewinnt nun gleichzeitig an Bedeutung und wir empfangen Offenbarungen aus dem Text. Dieses begeisterte genaue Beobachten löst etwas aus. Wir alle können wohnen im Haus des Herrn und sind Teil seiner Familie. Dies ist der Ort, den Gott sich ausgesucht hat, um mit seiner Gegenwart dort präsent zu sein. Bei uns. In seiner Nähe. Wir gehören zu seinem Haus/zu seiner Hausgemeinschaft. Wir sehen und erkennen seine Freundlichkeit, die Süße seiner Zuneigung und seiner Art. Gott ist gütig und wir sind bei ihm. Mich bringen solche Erkenntnisse zum Staunen. Denn diese Gemeinschaft, nach der wir uns sehen, finden wir bei ihm, in seiner Gegenwart, in seinem Haus. Wie immer möchte ich dich ermutigen, deine Erkenntnisse aufzuschreiben und dir deine Notizen gut aufzubewahren. Denn so baust du dir nach und nach einen großen Schatz von Gottes Wahrheiten auf.

Dieser kurze Vers hat für mich (Susanna) noch mehr an Bedeutung gewonnen. Nachdem ich mich so mit diesen Grundtexten auseinandergesetzt habe, hat mich der Heilige Geist an eine befreundete Familie erinnert. Wie bei dem Wort „anschauen/hasah“ beschrieben, hat Gott mir eine Offenbarung gegeben. Je tiefer ich mich mit dem Text auseinandergesetzt habe, desto mehr hat Gott zu mir gesprochen. Die Freunde hatten mir erzählt, dass sie bald in ein Haus umziehen würden und ich dachte, das müsste nun bald so weit sein. Wie ich die Textstelle verstehe, ist es so, dass wir in Gottes Haus/Hausgemeinschaft sein dürfen und seine Gegenwart dort ist. Das bedeutet auch, dass dort, wo wir sind (rein örtlich) ja auch Gott anwesend ist. Denn wir sind ja seine Familie. Inspiriert von diesem Bibeltext und dessen Offenbarungen schrieb ich ihnen nun ein paar Zeilen:

Ihr Lieben. Als ich diesen Vers las, musste ich an euer neues Haus denken und daran, dass Gott darin wohnt und ihr ihn in eurem neuen Zuhause genauso erlebt, wie es hier beschrieben ist Sein Geist „zieht mit euch um."

Hier ist die eine Sache, nach der ich mich von Gott sehne, die eine Sache, die ich vor allem anderen suche: Ich möchte jeden Augenblick mit ihm in seinem Haus (er fühlt sich sowohl bei euch, dass er euer Haus zu seinem macht) leben, die wunderbare Schönheit Gottes betrachten, mit Ehrfurcht erfüllt sein, mich an seiner Herrlichkeit und Gnade erfreuen. Ich will in seinem Tempel nachdenken.
nach Psalm 27,4 | Die Bibel

In der Elberfelder Übersetzung steht die Formulierung „... um anzuschauen die Freundlichkeit des Herrn." Folgende Wortbedeutungen zu dieser Freundlichkeit habe ich dazu gefunden:

- Sein Geist der Lieblichkeit ist dort.
- Sein Geist der Schönheit ist dort.
- Sein Geist der Süße ist dort.
- Sein Geist der Freundlichkeit ist dort.
- Seine Liebenswürdigkeit ist dort.
- Seine Güte ist dort.
- Seine Pracht wohnt mit euch.

Ebenso wurde ich auf das Wort „nachdenken" aufmerksam, dessen Bedeutung auch für euch gelten soll:

- Ihr werdet in diesem Haus über Gott nachdenken
- Gott und sein Wort erforschen
- Seinen Willen annehmen
- am Morgen ihn suchen und finden
- untersuchen und feststellen, dass Gott euch liebt und annimmt
- uvm.

Ich habe einfach den Eindruck, dass diese Worte euer neues Haus beschreiben und wie ihr dort mit Gott zusammen wohnt.

Alles Liebe Susanne

Diese Überarbeitung des Verses ist aus meinem Betrachten der einzelnen Originalwörter entstanden. Du merkst, dass es immer mehr zu entdecken gibt.

Ich war sehr erstaunt, als ich kurze Zeit nach meiner Nachricht eine Antwort von meinen Freunden erhielt. Sie haben mir berichtet, dass sie nach dem Hauskauf große Unsicherheiten hatten, denn die Vorbesitzer hatten sich mit vielen okkulten Praktiken auseinandergesetzt. Ihre Frage war, ob sie in diesem Haus zur Ruhe kommen könnten und dort gute Gemeinschaft mit Gott erleben würden. Diese kleine Ermutigung hatte sie nun bekräftigt, dass Gott und seine Gegenwart wirklich mit ihnen ist und sie sich nicht zu fürchten brauchen.

Wenn du dich mit Bibeltexten tiefgründig auseinandersetzt, birgt das einen riesigen Fundus an Wahrheiten, Erkenntnissen und Erlebnissen. Diese auf sein eigenes Leben anzuwenden und auch mit anderen zu teilen, schafft eine neue Ebene der Beziehung mit unserem himmlischen Vater. Wir werden immer mehr sehen, wie voller Liebe, Güte, Schönheit und Würde er ist.

Gebet

Lieber Vater im Himmel. Ich bin dir so dankbar, dass wir die Bibel haben. Danke für all die Hilfsmittel, um darin zu forschen. Danke, darf ich darin suchen und finden. Danke, offenbarst du dich mir in deinem Wort. Ich möchte lernen, dies nicht nur zu erkennen, sondern auch in meinem alltäglichen Leben anzuwenden. Ich bin begeistert von deiner Größe! Amen

Next Steps

1. Suche dir Hilfsmittel, um den Grundtext der Bibel erforschen zu können.
2. Schreibe dir die Bedeutungen der Wörter und/oder der Grammatik auf und fülle damit den von dir ausgesuchten Bibeltext.
3. Mache dir Notizen zu deinen Erkenntnissen.
4. Wende deine Erkenntnisse auf dein persönliches Leben an und überlege dir dazu einen nächsten Schritt.

Ergänzend
lesen

Ergänzend lesen

Fast alle Kinder lieben es, wenn wir ihnen Geschichten erzählen. Man kuschelt sich vielleicht auf ein Sofa oder ins Bett und hört den abenteuerlichsten Geschichten oder auch Märchen zu. Irgendwann sind die Kinderbücher dann zum zigsten Mal vorgelesen. Vielleicht fängt man dann an, eine Kurzversion davon zu erzählen. Oder aber man schmückt die Geschichte mit neuen Details oder Wendungen aus und plötzlich steht der Held dann im Kinderzimmer. Es ist eine Nacherzählung der eigentlichen Geschichte, die alles plötzlich wieder neu, frisch und aufregend macht. Und so hören die Kinder dann mit großen Augen zu und freuen sich, in das erzählte Abenteuer einzutauchen.

Geht es uns nicht manchmal genau gleich mit den Bibelgeschichten? Manche haben wir auch schon unzählige Male gelesen und gehört. Durch die Wiederholungen kann es sogar passieren, dass man schnell Dinge übersieht oder kleine Aspekte verpasst, da man meint, alles schon so gut zu kennen. Probiere es auch hier mit einer persönlichen Nacherzählung. Wie würde deine private und persönliche Bibelübersetzung aussehen? Traue dich, das mal auszuprobieren.

Übersetze einzelne Worte im Text

Du kannst mit einem Bibeltext beginnen und zuerst nur einzelne Wörter anders übersetzen. Starte mit den Worten, die dem Text am meisten Bedeutung verleihen. Nun geht es darum, Synonyme dazu zu finden und diese auszutauschen. Die Idee dahinter ist – wie bei einer Nacherzählung – dass der ursprüngliche Text durch eine neue Formulierung einen anderen Aspekt aufzeigt oder dir einen neuen Zugang ermöglicht.

> *Er erquicket meine Seele. Er führet mich auf rechter Straße um seines Namens willen.*
>
> *Psalm 23,3 | Die Bibel, Luther*

Bei diesem bekannten Vers würde ich nun für folgende Ausdrücke vergleichbare Worte suchen: erquicket, Seele, führet. Du kannst schnell im Internet unter dem jeweiligen Begriff und „Synonym“ vergleichbare Wörter finden.

erquicken

aktivieren, anregen, anregend/belebend wirken, aufmuntern, beleben, erfrischen, stärken, stimulieren, wohltun, beflügeln, laben, vitalisieren

Seele

Empfindungsleben, Gefühlsleben, Gemüt, Herz, Innenwelt, Inneres, Psyche, Brust, Seelenleben, Mitte, Nabel, Herzstück

führen

bringen, den Weg weisen/zeigen, fahren, gehen mit, hinführen, leiten, lotsen, manövrieren, vorangehen, das Geleit geben, den Weg/die Richtung weisen, eskortieren, mitnehmen, anleiten, anweisen, coachen, erziehen, lenken, mit gutem Beispiel vorangehen, unterweisen, unter seine Fittiche nehmen

Nach dem Suchen geht es nun ans Austauschen. Du kannst den Vers mehrmals lesen und jeweils neue Begriffe aus deiner Liste nehmen. So bekommst du immer mehr einen neuen Zugang zu diesem Vers.

> *Er belebt meine Innenwelt. Mit gutem Beispiel geht er mit mir voran auf rechter Straße um seines Namens willen.*
>
> *nach Psalm 23,3 | Die Bibel, Luther*

Suche dir verschiedene Möglichkeiten aus und beachte, wie diese Umformulierung auf dich wirkt und was du damit entdeckst. Schreibe dir am besten deine „Lieblingsübertragung“ auf und notiere dir dazu auch deine Erkenntnisse.

Variante: Gegensatz-Methode

Eine Variante dazu ist es, gegenteilige Wörter herauszusuchen. Das geht verständlicherweise nicht mit allen Wörtern, jedoch kann man oft den Text ins Gegenteil umformulieren und dann jedoch mit einer Verneinung wieder richtigstellen. Der Gedanke dahinter ist es, dass die Hauptaussage durch diese Umstellung klarer wird. Durch diese doppelte Verneinung des Bibelverses sticht die Aussage des Verses deutlicher heraus.

Er entkräftet meine Seele nicht. Er lässt mich nicht allein auf rechter Straße um seines Namens willen.
nach Psalm 23,3 | Die Bibel, Luther

Übersetze den Text in deine Umgangssprache

Wie bei dem Nacherzählen einer Kindergeschichte kannst du auch den Bibeltext in deinen eigenen Worten wiedergeben. Lies zuerst einen Text oder eine Geschichte. Schließe nun deine Bibel und gib das Gelesene mit deinen eigenen Worten wieder. Auch wenn du alleine bist, erzähle die Geschichte oder Textstelle laut vor. Interessant ist es auch, wenn man dies mit anderen Personen macht. So kann auch der jeweils gleiche Text von unterschiedlichen Personen hintereinander wiedergegeben werden.

Natürlich kannst du all das auch schriftlich machen. Dadurch vertieft sich die biblische Aussage noch stärker. Wähle die oben erklärte Methode (lesen und aus dem Gedächtnis wiedergeben). Du kannst aber auch mit deiner offenen Bibel Stück für Stück deine eigenen Worte finden und so eine Übertragung des Textes erstellen.

Er tut mir so gut und füllt mich aus. Ich liebe es, wie er mich im Leben führt. So kann ich das Richtige tun, was wir beide schätzen.
nach Psalm 23

Übertrage den Text in die heutige Zeit

Eine weitere Form ist es, einen Text in die heutige Zeit umzuformulieren. Die Geschichten aus der Bibel sind mehrere tausend Jahre alt. Das Lebensumfeld von damals war ein komplett anderes. Durch eine Übersetzung einer Geschichte in die jetzige Zeit kann eine neue Nähe zu den Geschichten und Inhalten entstehen. Auch hier kann es dir je nach Text einfacher oder schwerer fallen. Gerade bei Geschichten und klaren Handlungen ist eine Übertragung einfacher. So können allein die Transportmittel oder Kommunikation in der Bibel in die heutige Zeit umgedeutet werden. Manche Verse außerhalb von Berichten können bei dieser Übertragung jedoch auch recht ähnlich zu der eigenen Übersetzung werden.

Als Tipp: Lies doch einmal die „Volx-Bibel“ - eine Übersetzung der Bibel ins heutige Deutsch. Vielleicht kommst du so auf neue Ideen, wie du dies auch tun könntest.

Darauf folgt 'ne lange Ruhepause im Chill-out-Raum. Somit kann ich erfrischt und gestärkt zu ihm aufschauen. Er allein zeigt mir, wie ich mit Qualität leben kann. Letztlich geht es um ihn, wie ich seinen Namen ehren kann.
Psalm 23,3 | Die Bibel, Volx-Bibel

Gebet

Lieber Vater im Himmel. Danke für deine biblischen Wahrheiten. Danke, haben sie eine Relevanz für mein eigenes Leben. Danke, darf ich diese mit meinen eigenen Worten entdecken und führst und leitest du mich. Dein Heiliger Geist ist mit mir und spricht zu mir. Du bedeutest mir sehr viel. Amen

Next Steps

1. Suche dir einen Bibeltext heraus, den du übersetzen/übertragen möchtest.
2. Beginne entweder mit einzelnen Wörtern oder schreibe gleich den ganzen Text mit deinen eigenen Worten um.
3. Mache dir Notizen, was du dabei von Gott und seinen Aussagen gelernt hast.

BIBELTEXTE ANALYSIEREN

Bibeltexte analysieren

Alle von uns haben verschiedene Vorlieben. Das äußert sich beispielsweise auch in unserer Berufswahl. Manche lieben es, mit vielen Menschen zusammen zu sein, sich zu bewegen und werden vielleicht Sportlehrer. Andere wiederum können damit gar nichts anfangen und haben eine Vorliebe, etwas zu erschaffen und handwerklich tätig zu sein. So gibt es die verschiedensten Handwerke und wir sind alle froh und dankbar für solche Menschen in unserer Nähe; gerade, wenn ein Regal an die Wand gehängt werden muss. Und natürlich gibt es die Menschen, die alles genau nehmen und es macht Sinn, dass diese in der Buchhaltung arbeiten, damit die Finanzen auch langfristig stimmen. Und einige lieben es, allem auf den Grund zu gehen, zu forschen und zu analysieren und sind dementsprechend vielleicht in der Forschung oder als Anwälte tätig. Wenn wir nun an das analytische Lesen der Bibel herangehen, ist es für manche vielleicht genau die Herangehensweise, bei der sie aufblühen. Für andere ist es eine große Überwindung. Aber lass dir gesagt sein: Probiere es so oder so aus. Lass dich überraschen, was passiert, wenn du die Texte der Bibel analysierst und auf dein Leben anwendest.

Wenn man einen Text in der Bibel analysiert, spricht man in der Theologie davon, eine Exegese zu machen. Exegese bedeutet in diesem Zusammenhang, eine Ausarbeitung davon zu erstellen, was der Verfasser mit dem Text der Bibel gemeint hat respektive welche Bedeutung und Auslegung dieser enthält. Diese Erarbeitung kann man sehr ausführlich betreiben. Natürlich erschließt sich die Bedeutung des Textes oft schon vorher, aber er bekommt noch mehr Tiefe und setzt alles in einen größeren Zusammenhang. Das Ziel in allem ist und bleibt jedoch, Gott zu begegnen, um sein eigenes Leben verändern zu lassen.

Dwight L. Moody drückt das treffend aus:

> *„Die Bibel ist nicht dazu da, unser Wissen zu vergrößern, sondern unser Leben zu verändern."*
>
> *Dwight L. Moody - Evangelist im 19. Jahrhundert*

Was kannst du im Text analysieren?

Du kannst wirklich alles näher betrachten und jedem Text auf den Grund gehen. Darum, um eine Exegese zu einem Bibeltext zu starten, fange einfach damit an. Wähle ein paar Verse aus, die du näher anschauen möchtest. Als Beispiel nehmen wir die Textstelle aus Jakobus 1,5–8. Folgende Punkte sollen dir helfen, damit zu beginnen.

Verfasser und Empfänger

Wer hat den Text geschrieben und wer war der erste Empfänger? Was für eine Persönlichkeit steckt hinter dem Autor? Was waren seine Stärken und Schwächen? Du findest solche Informationen in Bibel-Nachschlagewerken und zum Teil in einzelnen Bibeln mitabgedruckt.

Bei dem Jakobusbrief waren die Empfänger Judenchristen, die verstreut im römischen Reich lebten. Verfolgung ist bei den Empfängern kaum zu spüren. Es geht ihnen eher (zu) gut, denn sie vergessen, den Bedürftigen zu helfen. Den genauen Verfasser zu bestimmen, ist eher schwieriger. Es gibt fünf Personen im Neuen Testament mit dem Namen Jakobus. Man geht davon aus, dass der Halbbruder von Jesus der Verfasser des Textes ist. Er war auch ein anerkannter Leiter der Gemeinde in Jerusalem. Er wurde später neben Paulus, Petrus und Johannes zu den Säulen der damaligen Kirche gezählt (Galater 2,9).

Zeitpunkt und Ort der Abfassung

Wann und wo wurde der Text geschrieben? Wie sah der Ort der Abfassung aus? Wie war das Umfeld? Wie ist der geschichtliche Hintergrund in diesem Buch der Bibel? (Siehe dazu auch Kapitel „Kontext verstehen“.)

Bei unserem Text haben wir keine exakte Ortsangabe. Man geht aber davon aus, dass dieser Brief in Jerusalem geschrieben worden ist. Aufgrund der Judenchristen in der Diaspora und dem Einfluss von Paulus Briefen geht man von der Datierung um ca. 60 nach Christus aus.

Gliederung des Textes

Da die Bibelverse zu einem ganzen Buch gehören, ist es hilfreich, diese einmal in den richtigen Kontext zu stellen. In welchem Zusammenhang steht dein Text, den du näher betrachten möchtest? Was genau steht vor und nach diesem Abschnitt? Selbst ein selbst verfasster Brief hat eine Gliederung (Begrüßung, Einleitung, Hauptteil, Abschluss, Grußwort usw.). Diese gilt es jetzt, im Bibeltext zu entdecken.

Das ist eine grobe Gliederung zum Jakobusbrief:
1. Gott dienen - aber wie (1)
2. Vorurteilslose Liebe (2,1-13)
3. Der Nachweis des Glaubens (2,14-16)
4. Das Beherrschen der Zunge (3,1-12)
5. Gottes Weisheit (3,13-18)
6. Der Kampf der Reinheit (4,1-10)
7. Auswirkungen des Glaubens (4,11-5,1-12)
8. Die Praxis des Gebets (5,13-18)
9. Sorge für die Unbeständigen (5,19-20)

Literarische Eigenart
Jeder Text in der Bibel hat eine bestimmte literarische Art. Ist es ein Brief, ein prophetisches Buch, Poesie oder Prosa? Die Bibel besteht aus verschiedenen Büchern und Gattungen. So ist ein Grundverständnis der unterschiedlichen literarischen Eigenarten hilfreich zum Verständnis des jeweiligen Bibeltextes.

Der Jakobusbrief liest sich eher wie eine literarische Abhandlung als ein Brief und entspricht am ehesten der antiken Kunstform des brieflichen Essays, derer sich vor allem die Moralisten und Rhetoriker bedienten. Es handelt sich weniger um einen Brief mit Danksagungen und Grüßen, sondern um ein allgemein gehaltenes Schreiben. Das Anliegen des Briefes ist es, die ersten Christen zu christlicher Reife und Heiligung ihres Lebens zu ermahnen.

Übersetzungen
Betrachte nun deinen Text in verschiedenen Übersetzungen. So bekommst du ein breiteres Bild der Übersetzung (siehe auch Kapitel „Übersetzungen studieren“).

Lies dazu jetzt die Bibelstelle in Jakobus 1,5–8 in drei bis fünf verschiedenen Bibelübersetzungen. Du kannst dazu auch die bekannte Online-Bibel www.bibleserver.com nutzen. Schreibe oder kopiere dir den Text heraus und stelle ihn den anderen Übersetzungen gegenüber.

Feingliederung des Textes

Nach diesen vielen Details gehen wir nun an den eigentlichen Text. Es geht darum, diesen zuerst einmal inhaltlich zu gliedern. Jeder Textabschnitt hat eine Bedeutung und Aussage. Diese kann man mit einer Gliederung besser herausarbeiten.

Als Beispiel hier nun unser Text aus Jakobus 1,5–8.

> *Wenn jemand unter euch Weisheit braucht, weil er wissen will, wie er nach Gottes Willen handeln soll, dann kann er Gott einfach darum bitten. Und Gott, der gerne hilft, wird ihm bestimmt antworten, ohne ihm Vorwürfe zu machen. Aber wer ihn fragt, soll auch wirklich mit seiner Antwort rechnen! Denn einer, der zweifelt, ist so aufgewühlt wie eine Meereswoge, die vom Wind getrieben und hin- und hergeworfen wird. Ein solcher Mensch darf nicht erwarten, etwas von Gott zu erhalten, denn er ist unbeständig und schwankt ständig hin und her.*
> *Jakobus 1,5–8 | Die Bibel, Neues Leben*

1. Der Weg der Weisheit (1,5–8)
    a. Gott gibt dem Glaubenden Weisheit (1,5–6).
        i. Der gebende Gott gibt Weisheit denen, die ihn darum bitten (5).
            1. Wem Weisheit mangelt, soll Gott darum bitten.
            2. Gott wird ihm gerne Weisheit geben.
        ii. Er bitte im Glauben, denn wer zweifelt, gleicht einer Meereswoge (6).
            1. Er bitte im Glauben ohne Zweifel.
            2. Wer zweifelt, gleicht einer Meereswoge.
    b. Ein Zweifler empfängt nichts (1,7–8)
        i. Ein Zweifler bekommt nichts von Gott (7).
        ii. Ein Zweifler ist unbeständig (8).

Diese Textanalyse wirkt vielleicht auf den einen oder anderen recht technisch. Jedoch sehen wir dadurch die Struktur und den Aufbau des Textes viel klarer.

Gerade, wenn man sich ansonsten gewohnt ist, ausschließlich auf einer persönlichen Ebene die Bibel zu lesen, kann diese Struktur neue Entdeckungen und Offenbarungen zu Tage führen.

Wortstudien

In jedem Bibeltext gibt es verschiedene Schlüsselwörter, die man näher betrachten sollte. Anhand von anderen Übersetzungen und auch dem Grundtext (siehe auch Kapitel „Im Urtext forschen") kannst du diese erarbeiten. Ebenso sind verschiedene Bibellexika dabei hilfreich. Bei unserem Text wollen wir als Beispiel nur einzelne Wörter näher betrachten. Ebenso ist dies nur eine sehr verkürzte Form einer Wortstudie.

Weisheit

Das griechische Wort ist „sophia" und kommt von „sophos" - weise. Es bezeichnet immer eine Eigenschaft und keine Tätigkeit. Weisheit ist verwirklichtes Wissen. Unter Weisheit (sophos) bezeichnete man ursprünglich eine Person, die ihren Kurs durch die Beobachtung der Himmelskörper oder Götter bestimmen kann. Weisheit wird im Neuen Testament als ein Verhalten des Menschen angesehen, das aus dem Leben mit Gott entsteht und ein Geschenk von ihm ist. Weisheit ist die Frage, was der Wille Gottes ist und was dem Wesen Gottes entspricht.

Zweifel / zweifeln

„Diakrino" bedeutet beurteilen, entscheiden, unterscheiden, richten. Ebenso hat es die Bedeutung von sich zu streiten, sich urteilend auseinanderzusetzen. Man könnte sagen, dass zweifeln ein Zwischenraum zwischen Glauben und Nichtglauben ist.

Glauben

„Pistis" kommt von „peitho" und bedeutet überreden, überzeugen. Es geht um Vertrauen, welches man Menschen und Göttern zuspricht. Es wird als zuverlässig und treu gebraucht. So kommt es auf kritische Situationen an, in denen sich herausstellt, was Treue (pistis) ist. Der Gottesglaube ist ein Offen-Sein für Gottes Möglichkeiten. Ein Mit-Gott-rechnen, das sich nicht mit dem Gegebenen und Gewordenen zufriedengibt.

Betrachtung
Nach diesem intensiven Forschen und Analysieren des Textes geht es nun darum, alles zusammen zu betrachten. Wir tragen alle Ergebnisse zusammen und sehen uns den Text damit näher an. So können wir, aufgrund der Gliederung, der Betrachtung des gesamten Umfeldes und der Wortstudien, Schlüsse auf die Aussage des Textes ziehen. Du wirst auch schon beim Erarbeiten verschiedene Erkenntnisse des Textes erhalten. Schreibe diese auf und überlege dir, ob du einen Rückschluss auf dein persönliches Leben ziehen kannst.

Nun zu unserem Beispieltext: Jakobus fordert seine Leser auf, sich in Anfechtungen zu freuen, da dies den Glauben stärken wird. Solch ein Glaube führt dazu, dass man in nichts Mangel hat. Wenn man erlebt, wie Gott einen durch schwerere Zeiten trägt, schafft dies Nähe zu Gott, der einen mit Kraft ausrüstet. Es scheint so, als ob Jakobus wusste, dass dieser Schritt nicht immer einfach sein würde. Wenn jemand nicht weiß, was der Wille Gottes in einer bestimmten Situation ist, so soll er Gott darum bitten. Es geht hier nicht um menschliche Weisheit, sondern darum, wie man ein Leben nach Gottes Maßstäben und Werten leben kann. Gott verheißt Weisheit in Bedrängnis und Versuchungen. Gott ist jemand, der gerne gibt und keine Vorwürfe macht. Ihm ist unser Mangel bewusst und er hält deshalb auch keine Strafreden. Der Bittende soll aber zu der ihm höhergestellten Person im Glauben bitten und nicht innerlich gespalten sein in seinem Vertrauen zu Gott. Wie in übrigen Bibeltexten auch oft erwähnt wird, kommt es auf unseren Glauben an. Wir sollen mit unserem Vertrauen gegenüber Gott nicht wie eine Fähnlein im Wind sein. Der Zweifler bringt durch sein mangelndes Vertrauen Folgendes zum Ausdruck: Ihm ist es nicht bewusst, dass Gott etwas tun und bewegen kann. Somit stellt er Gottes Allmacht und eventuell sogar seine Existenz in Frage. Je nach Windrichtung, die ihm entgegenkommt, ändert er seine Meinung und Vorstellung über Gott, anstatt sich ganz und gar auf ihn und auf seine Verheißungen zu verlassen. Der Zweifler kommt nicht zur Ruhe, sondern ist ständig – im negativen Sinn – in Bewegung. Sein Vertrauen, seine Hoffnung sind gespalten wie zwei Seelen.

Wenn du es liebst, so zu forschen, ist das deine Art, wie du an den Bibeltext herangehen kannst. Alle anderen möchte ich ermutigen, dies trotzdem auch einmal auszuprobieren. Vielleicht begegnest du Gott so auf eine ganz neue Art und Weise. Wichtig bei diesem Zugang ist es, dass du dir eine persönliche Anwendung überlegst, die du aus deinen Erkenntnissen zusammenträgst. Denn dadurch wird die Bibel für dich lebendig.

> *„Ich habe mehr Mühe mit den Bibelstellen, die ich verstehe, als mit denen, die ich nicht verstehe."*
> *Mark Twain*

Gebet

Danke lieber Vater, darf ich bei dir so sein, wie ich bin. Ich bin so dankbar, dass ich bei all dem Forschen und Suchen dich finden werde. Ich staune über deine Liebe und Treue. Danke, hilfst du mir, die Bibel immer besser zu verstehen. Ich will dich besser kennenlernen! Amen

Next Steps

1. Wähle einen Bibelabschnitt aus, den du näher betrachten möchtest.
2. Nimm dir ausreichend Zeit, um eine Exegese für den Text zu erarbeiten. Nutze dazu die oben genannten Punkte.
3. Schreibe deine Ausarbeit

AUSWENDIG LERNEN

MEMORIEREN | SICH ANEIGNEN | EINÜBEN

Auswendig lernen

Es ist ein Elend. Heutzutage müssen wir uns immer mehr mit Passwörtern und Zahlenkombinationen, die wir uns merken müssen, herumschlagen. Da gibt es unzählige Plattformen im Internet, bei denen man sich einloggen sollte. Und seien wir mal ehrlich: Die meisten von uns benutzen doch fast für jedes Login dasselbe Passwort. Wusstest du, dass das beliebteste Passwort der Welt 123456 ist?

Wenn man nicht ein gutes Tool nutzt, welches einem alle Passwörter automatisch ausfüllt, ist man ziemlich aufgeschmissen. Mindestens so mühsam ist es, wenn man sich die Zahlen für den Bankautomaten nicht merken kann. Dreimal falsch eingegeben und es ist erst einmal vorbei mit Bargeld und Bezahlen. Hat man die Zahlen und Wörter im Gedächtnis gespeichert, geht alles viel schneller und einfacher. Dann ist es egal, ob man sich gerade an einem anderen PC einloggen muss oder schon lange nichts mehr an der Bank abgebucht hat. Man hat es einfach im Kopf.

Warum sollte man auswendig lernen?

Eigentlich komisch, aber irgendwie scheuen wir uns oft davor, Bibeltexte auswendig zu lernen, denn das fühlt sich so schnell nach Schule und Unterricht an. Doch haben wir Bibeltexte nicht nur immer griffbereit in einer Handyapp, sondern viel näher – im Gedächtnis – hat dies so viele Vorteile.

Du vertiefst Gottes Wahrheiten

Wenn du dich so intensiv wie beim Auswendiglernen mit einem Bibeltext beschäftigst, vertiefst du die Aussagen stark in deinem Inneren. Durch das notwendige Repetieren, um zu lernen, erkennst du dabei auch immer stärker die tiefen Wahrheiten. Es kann gut sein, dass dir beim Lernprozess neue Dinge deutlich werden, die du beim normalen Lesen nicht entdeckt hast. Oft ist es so, dass in dieser Zeit der Heilige Geist zu dir spricht und dich auch später an diese Aussagen aus der Bibel erinnern kann.

Du kannst Gottes Wahrheiten schneller anwenden

Wir alle haben Situationen im Leben, die uns irritieren, ablenken oder auch zu falschen Entscheidungen führen können. Wie bei einem Sturm auf dem Meer ohne Kompass fehlt dann die Orientierung. Sind jedoch Gottes Wahrheiten für das eigene Leben präsent, hast du eben die Zielrichtung, die es dir leichter fallen lassen, durch die Stürme hindurchzunavigieren. Manchmal können einen schon Aussagen im eigenen Umfeld verunsichern. Hört man von Stellenabbau und wirtschaftlichen Krisen, kann das Angst und Sorgen auslösen. Sind mir in diesem Moment Gottes Aussagen über seine Versorgung als Bibelvers im Bewusstsein, kann ich mich daran orientieren. Das sind die Wahrheiten, die uns den Fokus geben sollten, nicht negative Stimmen in unserem Umfeld. Durch das Lernen der Bibeltexte sind diese Wahrheiten in deinem Kopf und Herz tief verwurzelt und prägen so dein ganzes Leben nachhaltig positiv.

Ein weiterer Aspekt ist auch, dass du durch die Bibelverse mehr Klarheit im Leben bekommst. Nicht nur in unruhigen Zeiten sind diese schneller „griffbereit", sondern die Ausrichtung in deinem Leben fällt dir leichter. Denn da du dich so intensiv mit den Bibelversen beschäftigst und sie schnell abrufen kannst, prägen sie dich auch stärker in kleinen und großen Entscheidungen.

Suche dir Verse zum Lernen

Wenn du nun ans Auswendiglernen gehst, brauchst du eine Auswahl an Bibelversen. Vielleicht suchst du dir mal verschiedene Textstellen heraus, die dir gefallen. Vielleicht beschäftigt dich aber gerade ein bestimmtes Thema. Dann hilft es dir, wenn du Verse suchst, die bewusst dieses Thema aufgreifen. Suche dir also Verse heraus, die dich langfristig in Bereichen deines Lebens unterstützen wie zum Beispiel folgende Lebensbereiche: Versorgung, Heilung, Trost, Liebe, Hoffnung, Gnade, Vergebung usw. Zum einen kannst du im Internet nach Themen und Bibelversen suchen. Dazu gibt es verschiedene Plattformen. Auf der anderen Seite kannst du beim Bibellesen die Bibelverse, die dir ins Auge und ins Herz fallen, auswählen, um sie zu deiner Liste zum Lernen hinzuzufügen.

Suche dir eine Lernmethode

Sicherlich kennst du schon verschiedene Lernmethoden. Wir alle haben in irgendeiner Form eine Schulausbildung hinter uns oder sind noch mittendrin. Heute gibt es gerade zum Lernen von Texten auch verschiedene Apps für das Handy. So kann man diese beispielsweise bei einer Wartezeit nutzen, um seine Bibelverse weiter zu lernen. Die altbekannte Art die Verse auf Karten und auf der Rückseite die Versangabe zu schreiben, funktioniert auch immer sehr gut. Hier ein paar Tipps für das Lernen:

- Schreibe den Vers auf eine Karte.
- Suche dir eine Übersetzung, die dir gefällt und einen guten Rhythmus hat.
- Sprich beim Auswendiglernen den Vers laut aus.
- Bewege dich beim Lernen (z.B. Spaziergang).
- Wiederhole die Verse zu einem fix geplanten Zeitpunkt.
- Nutze Warte-/Auszeiten zum weiteren Lernen.
- Bleibe dran.

Natürlich gibt es noch viele weitere Lernmethoden, die du nutzen kannst. Seien es Eselsbrücken, verschiedene Sinne ansprechen, die Inhalte strukturieren uvm. Nutze eine Technik, mit der du bereits gute Erfahrungen gemacht hast.

Ich (Susanna) habe einen Stapel an Bibelversen, die ich auf Karten geschrieben habe. So nehme ich diese sehr oft beim Spazierengehen mit. Mal lese ich sie, betrachte einzelne Abschnitte länger oder bete einige nach und repetiere die Bibelstelle dabei auch gleich wieder. Einzelne Verse kommen mir im Alltag regelmäßig in den Sinn. Und oft gerade dann, wenn ich sie wirklich brauche oder Gottes Rat benötige.

Durch das Lernen von Kernaussagen der Bibel eignest du dir einen bleibenden Schatz an, der dir im gesamten Leben hilft. Dein Herz wird von diesen Wahrheiten geformt und es gibt dir Orientierung für deinen Alltag.

Tief präge ich mir dein Wort ein, damit ich nicht vor dir schuldig werde.
Psalm 119,11 | Die Bibel, Hoffnung für alle

Gebet

Lieber Vater im Himmel. Ich danke dir für dein Wort. Ich will die Wahrheiten in meinem Herzen bewahren. Mögen sie mich prägen, führen und Halt im Leben geben, denn du meinst es gut mit mir. Danke, hilfst du mir dabei, deine Wahrheiten und deine Liebe immer besser zu verstehen und im Inneren zu behalten. Ich liebe dich. Amen

Next Steps

1. Suche dir Bibelverse zu verschiedenen Themen heraus.
2. Nutze eine Lernmethode, die dir entgegenkommt. Lerne kontinuierlich und gib nicht auf.
3. Wende die auswendig gelernten Bibelverse in deinem Alltag an.

Auswahl an Bibelverse zum Auswendigernen

Jesaja 12,2	Jesaja 40,31	Jesaja 41,10
Jesaja 43,2	Sprüche 3,5	Psalmen 23,3
Psalmen 27,1	Psalmen 31,24	Psalmen 37,39
Psalmen 46,1-2	Psalmen 55,22	Psalmen 62,6
Psalmen 119,28	Psalmen 119,50	Psalmen 138,3
Josua 1,9	Matthäus 5,4	Matthäus 6,34
Matthäus 11,28	Matthäus 19,26	Markus 10,27
Markus 12,30	Johannes 3,16	Johannes 16,33
Apostelgeschichte 1,8	2. Korinther 1,3	2. Korinther 4,16
2. Korinther 12,9	Galater 5,22	Epheser 3,16
Epheser 6,10	Philipper 4,13	Philipper 4,19
1. Thessalonicher 5,11	2. Timotheus 1, 7	1. Petrus 5,7
Jakobus 1,5		

Gott als Freund kennenlernen

Freundschaften gehören zu einem guten Leben dazu. Wir alle gestalten diese etwas unterschiedlich. Wenn wir bei der einen Person an einem Abend eingeladen werden, gibt es vielleicht ein wundervoll zubereitetes Abendessen mit einem guten Wein. Man freut sich über die großartige Atmosphäre und spürt die Wertschätzung der Gastgeber. Man fühlt sich willkommen und genießt zusammen den Abend. Bei einem anderen Freund erwartet uns vielleicht ein lustiger Abend nur mit einer Tüte Chips. Aber auch dort spürt man die jeweilige Person, seine Zuneigung und Annahme genau gleich. Freundschaften müssen gestaltet werden, damit sie lebendig bleiben. Und das alles am besten in der individuellen Art und Weise. Was tust du, wenn du deine Freunde bei dir zu Besuch hast? Wie zeigst du ihnen dein Herz und wie stellst du dir ein wundervolles Treffen mit ihnen zusammen vor?

Wie lebst du deine Freundschaften?

Wenn wir nun ans Bibellesen und Gott begegnen denken, kannst du genau gleich deine Art, Freundschaften zu leben, gebrauchen. Je nach Freundschaft kennst du das sicherlich auch, dass man sich vor einem Treffen Gedanken macht, wie man dieses gestalten könnte. Wenn es dann sogar um ein Date geht und das Verliebtsein oder eine Partnerschaft steht auf dem Spiel, bekommt die Gestaltung noch eine ganz andere Tiefe. Je verliebter, desto kreativer sind dann meist die Treffen und Ideen, wie man die Zeit zusammen verbringen könnte. Dann gibt es das romantische Picknick auf einem Berg oder die Lieblingsschokolade zum Dessert. In all dem geht es nicht nur darum, der anderen Person eine Freude zu machen, sondern man zeigt auch ein Teil seines Herzens in der Vorbereitung, Gestaltung und Kreativität. Bei mir (Leo) in der Smallgroup ist es üblich, dass jeder einmal an der Reihe ist, den Abend vorzubereiten. Alle anderen dürfen oder müssen – je nach Programm – alles mitmachen, was sich die verantwortliche Person überlegt hat. So entstehen wundervolle, lustige und auch tiefe Treffen. Mal erwartet uns eine abenteuerliche Schlauchbootfahrt auf einem Schweizer Fluss mit einem Lagerfeuer und Grillwurst, mal ein tolles Abendessen mit tiefen Fragen, mal ein Spielabend mit der leckersten Spaghetti-Soße, die man essen kann und wieder ein anderes Mal ein Spaziergang im Wald mit einem Apéro unterwegs und vielen Ermutigungen. Jeder von uns macht sich Gedanken, was für den Abend gut wäre und bringt seine Persönlichkeit und Art mit ein. Und so oft sind wir alle überrascht, was daraus entsteht. Auch gerade dann, wenn man zu Beginn über die Idee noch die Stirn gerunzelt hat.

Wenn wir nun zum Bibellesen mit Gott zusammenkommen, kannst du auch dies einmal so gestalten wie bei einer sehr guten Freundschaft.

Lade Gott ein

Du weißt ja, wie du ein Treffen mit einem sehr guten Freund gestalten würdest. Tue das nun einmal auch, um Gott zu begegnen. Vielleicht klingt das für dich zuerst einmal ungewohnt, aber es zeigt etwas von deinem Herzen. Und Gott freut sich auf jeden Fall über deine Hingabe. Gleichzeitig kann es dir auch einfacher fallen, dich auf Gottes Reden einzulassen. Hier ein paar Ideen, um damit zu beginnen:

- Lade Gott zu Kaffee und Kuchen ein.
- Lade Gott auf einen Schluck Wein mit Snacks am Abend ein.
- Lade Gott auf einen Ausflug in die Berge/ans Meer ein.
- Lade Gott auf einen Spaziergang in den Wald ein.
- Lade Gott zum Abendessen ein.

Wenn wir Freunde bei uns zu Hause haben, machen wir es uns meist schön und gemütlich. Genau diese Gestaltung der Atmosphäre kann einen Einfluss auf das Miteinander haben. Denn es hat ja einen Grund, warum die einen vielleicht viele Kerzen anzünden, fast alle vor dem Besuch aufräumen und andere wiederum einen besonderen Ort in der Wohnung nutzen, um die Gäste willkommen zu heißen. Es offenbart etwas von dir. Du zeigst, was dir gefällt, wie du andere ehren möchtest und was du für ein tolles Treffen alles investierst. Nutze das doch auch einmal, um so Zeit mit Gott zu gestalten. Du hast bestimmt noch so viel mehr Ideen, wie man diese Zeit nutzen kann. Probiere Dinge aus. Vielleicht zeigt auch die Gestaltung deines Treffens, in welcher Form du Gott gerade begegnen möchtest. Wie ein Bruder beim Spazieren gehen, ein „Lieb-Haber" bei Kerzenschein oder ein Freund beim Abendessen.

Verbringe Zeit mit Gott

Nun ist alles bereit und du freust dich auf die Zeit mit deinem himmlischen Vater und seinem Wort. Starte doch einmal mit dem, was dich beschäftigt.

Wie auch bei einem Freund, den man schätzt und achtet, tausche dich mit Gott aus, was dir auf dem Herzen liegt. Worüber möchtest du mit Gott reden? In einer Freundschaft geht es um den Dialog. Du kannst auch mit einer Frage zu Gott kommen. Lasse dich darauf ein, dir dann auch Zeit zu nehmen, wie der Heilige Geist dich daraufhin führt und zu dir spricht. Traue dich, Gott direkt so zu begegnen. Vielleicht helfen dir folgende Fragen:

- Kannst du mir dabei helfen?
- Lohnt sich das alles?
- Was magst du an mir?
- Wie hast du das gemeint?
- Wie soll das geschehen?

Es braucht Mut, Gott konkrete Fragen zu stellen. Aber in einer guten Atmosphäre darfst du entspannt sein und dich darauf freuen, wie Gott zu dir spricht. Vielleicht lenkt Gott dich auch auf einen Bibeltext. Wenn dir das zu ungewohnt ist, persönlich mit Gott zu reden und auf seine Führung zu achten, darfst du dich komplett entspannen. Nimm einfach zuerst einen Bibeltext hervor und beginne, über diesen zu meditieren. Bist du unterwegs, lies die Bibel auf deinem Handy oder höre eine Hörbibel. Anschließend rede mit Gott über die Stelle wie mit einem guten Freund. Was gefällt dir an dem Text? Was stört dich vielleicht? Verstehst du etwas nicht? Was könnte das für dich persönlich heißen? Rede mit Gott und höre auf sein Reden zu dir. Manchmal sind es Gedanken, die plötzlich kommen, manchmal ist es ein Gefühl oder aber auch eine Erkenntnis über den Bibeltext. Versuche einen wirklichen Dialog mit Gott über seine schriftlichen Worte zu führen. Sicherlich wirst du in diesem innerlichen Gespräch mit ihm zu Punkten kommen, die du für dein Leben nutzen kannst. Es ist ähnlich wie bei einer sehr guten Freundschaft oder Beziehung: Wenn du in einem guten Gespräch mitbekommst, was dein Gegenüber schätzt, liebt oder aber auch weniger mag, hat das aufgrund deiner Beziehung, die du zu dieser Person hat, eine Auswirkung. Vielleicht passt man daraufhin etwas in der Beziehung an. Mit Gott ist es auch so. Denn die Erkenntnis, die du mit dem Gespräch mit ihm und seinem Wort hast, soll dich im Leben unterstützen. So kann es sein, dass du aufgrund der Zeit mit ihm Sachen beginnst oder beendest. Vielleicht ist es auch nur das Verständnis, warum Gott Dinge tut oder eben nicht. Lasse aus dieser Zeit mit ihm etwas entstehen. Starte damit am gleichen Tag.

Gebet

Lieber Vater im Himmel. Ich bin dir so dankbar, dass ich mit dir Zeit verbringen kann, wie mit einem sehr guten Freund. Danke, verstehst du mich so, wie ich bin. Ich möchte dir mein Herz ganz offenbaren und dich mehr und mehr verstehen. Danke, zeigst du mir deine Liebe zu mir. Ich liebe dich. Amen

Next Steps

1. Überlege dir, wie du ein freundschaftliches Treffen mit Gott gestalten kannst und plane deine Vorbereitungen dementsprechend.
2. Überlege dir, was du mit Gott besprechen möchtest. Welches Thema liegt dir gerade am Herzen. Suche dir gegebenenfalls einen Abschnitt in der Bibel dazu und tausche dich mit Gott wie mit einem Freund darüber aus.
3. Überlege dir praktische Schritte, wie du die Aspekte und Erkenntnisse aus diesem Treffen in dein Leben umsetzen könntest. Welche Ansichten haben sich aufgrund deines freundschaftlichen Treffens mit Gott bei dir geändert?

P L

PROPHETISCH LESEN

Prophetisch lesen

Wir alle haben Situationen im Leben, die uns beschäftigen oder ein Problem, für das wir eine Lösung benötigen. Manchmal sind wir dabei einfach ratlos oder manchmal übersehen wir das Offensichtliche. Wir alle haben es bestimmt schon einmal erlebt, dass ein guter Freund oder eine gute Freundin uns auf etwas aufmerksam gemacht hat, was wir im Leben ändern oder angehen könnten, weil wir selbst nie draufgekommen wären. Ich (Susanna) bin sehr dankbar, solche Freunde um mich zu haben, die mich unterstützen, mitdenken und mich so lieben, wie ich bin. Wenn ich sie um Rat frage, sind sie offen und ehrlich. Wenn ich selber in Gefahr bin, mich in etwas hineinzumanövrieren, was mir nicht guttun würde, machen sie mich darauf aufmerksam. Nun haben wir einen lieben Vater im Himmel, der uns nicht nur liebt, sondern dem alles möglich ist, der alles weiß und auf unserer Seite steht. Mit dieser Art an die Bibel zu gehen, wollen wir offen sein für seinen Rat und sein feines Reden in unsere Lebenssituationen.

Verbringe Qualitätszeit mit Gott[3]

Wie in jeder guten Beziehung ist es sinnvoll, die Zeit, die man zusammen verbringt, qualitativ gut zu gestalten. Das sieht für jeden unterschiedlich aus. Manche mögen es, sich aktiv zu betätigen und so Gemeinschaft zu haben, andere wiederum genießen die Zweisamkeit und tiefe Gespräche. Doch Qualitätszeit hat immer etwas gemeinsam: Es findet ein Dialog statt. Folgende Aspekte sind wichtig, dass wir einen Dialog haben können:

- **Verstehen:** Ich versuche mein Gegenüber zu verstehen.
- **Empathie:** Auf der Gefühlsebene kann ich den Platz des anderen einnehmen.
- **Offenheit:** Ich bin offen für das, was der andere sagt.
- **Interesse:** Ich interessiere mich für mein Gegenüber.
- **Augenhöhe:** Ich begegne meinem Gegenüber auf Augenhöhe.
- **Respekt & Wertschätzung:** Ich respektiere mein Gegenüber und unterscheide zwischen Sache und Person.

---

3 Sechs Aspekte zu einem Dialog: aus dem Buch: Resilienz. So entwickeln sie Widerstandskraft & innere Stärke, Dr.med.Mirriam Prieß, Goldmann Verlag

Diese Punkte sind notwendig für ein gutes Miteinander und einen wertvollen Dialog. Dasselbe gilt auch in Bezug auf Gott. Es ist ein unglaubliches Geschenk, dass Gott uns so begegnet und den Weg frei gemacht hat, damit das überhaupt möglich ist. Gott zeigt uns sein Verständnis und fühlt mit uns mit. Er ist offen für unsere Anliegen und hat aufrichtiges Interesse an uns. Durch das, was Jesus am Kreuz für uns getan hat, haben wir freien Zugang zu ihm und begegnen ihm von Angesicht zu Angesicht. Seine Wertschätzung uns gegenüber ist endlos. Nun liegt es auch an uns, Gott so zu begegnen. Was für einige vielleicht ungewohnt klingt, kann die Beziehung und die Zeit zusammen enorm vertiefen. Wenn wir lernen, Gott zu verstehen und uns Gedanken machen, wie er sich fühlt, kann Unglaubliches passieren. Dazu gehört auch, mit einer echten Offenheit Gott gegenüberzutreten und mit dem Interesse, was ihm auf dem Herzen liegt. Dies stärkt die Beziehung. In der Bibel steht, dass wir zu Gott „Abba"/Papa sagen dürfen. Wir dürfen ihm liebevoll und auf Augenhöhe begegnen und müssen uns nicht klein und unbedeutend fühlen. Was für ein unbeschreibliches Geschenk. Und auch wenn wir nicht immer alles verstehen, können wir Gott anbeten, lieben und wertschätzen.

Gestalte mit diesen Punkten deine Zeit mit Gott und beginne, einen Bibeltext zu lesen. Nimm dir genug Zeit für den Text und lies ihn mit den sechs Punkten im Hinterkopf.

Was spricht dich an?

Wir haben in diesem Buch meist den Fokus darauf gelegt, was im Text klar herauszulesen ist. Dies ist auch die übliche Herangehensweise an die Bibel. So oft kann es nämlich passieren, dass man etwas in die Bibel hineinliest, anstatt heraus. So sind dann vielleicht eigene Werte oder Vorstellungen wichtiger anstatt dem, was in der Bibel steht. Da Gott ein lebendiger Gott ist und auch heute noch zu uns spricht, gibt es für unser persönliches Leben mehr als das, was in der Bibel steht. Wie bei einem lieben Freund, der einem einen Rat gibt, so kann auch Gott uns für unser Leben einen Hinweis und Impuls geben. Der Heilige Geist lebt in uns und spricht zu uns. Dies tut er in unserem Inneren, zu unserem Geist, Verstand und auch zu unserem Körper. Wenn wir nun die Bibel lesen, offenbart uns der Heilige Geist nicht nur das, was dort drinsteht, sondern er kann uns auch helfen, dies umzusetzen. Neben dem gibt es aber noch mehr.

Frage Gott

Wenn du nun den Bibeltext gelesen hast, überlege dir, was dich anspricht. Was springt dir in Bezug auf dein eigenes Leben ins Auge? Beachte dabei nicht nur die Punkte in deinem Leben, bei denen du Fragen hast, sondern betrachte dein ganzes Leben. Frage den Heiligen Geist, was er dir sagen möchte. Anhand eines Verses möchte ich das deutlich machen.

> *Der Herr ist mein Hirte, ich habe alles, was ich brauche.*
> *Psalm, 23,1 | Die Bibel, Neues Leben*

Wenn wir diesen kurzen Abschnitt lesen, stecken da unglaubliche Wahrheiten drin. Gott führt mich, er leitet mich und ist immer bei mir. Ich habe alles, was ich für mein Leben brauche und muss mir über meine Versorgung keine Sorgen mehr machen. Ein fantastisches Geschenk. Nun kann es sein, dass ich mir die Zeit nehme und mir über den Vers Gedanken mache. Ich frage den Heiligen Geist, was er mir sagen möchte. So kann es sein, dass mir ein Blitzgedanke kommt: Ich sollte unbedingt zu dem Herrn XY ins Nachbarhaus gehen und mit ihm reden. Das steht nun wirklich nicht im Text, aber nach dem Gebet kommt mir dieser Gedanke trotzdem plötzlich in den Sinn. Ist es nun ein Eindruck von Gott oder nicht? Schweife ich gedanklich nur ab und komme von dem einen Wort zum anderen?

Ich bin davon überzeugt, dass Gott uns ernst nimmt, wenn wir ihn aufrichtig bitten und Zeit mit ihm zusammen verbringen. So können solche Impulse nicht nur aus Gottes Herzen kommen, sondern sie bewirken auch etwas Fantastisches. Was habe ich zu verlieren, wenn ich diesen Gedanken nachgehe? Ich zeige damit nicht nur, dass ich Gott ernst nehme, sondern auch, dass ich danach handle, wenn ich seine Stimme höre.

Die biblischen Texte sind in diesem Zusammenhang ein super Start, sich auf Gottes Reden einzulassen. Der nächste Schritt ist die feine Stimme des Heiligen Geistes, die uns führt und leitet.

Prüfe deine Gedanken

Wenn du nun einen Impuls, einen prophetischen Eindruck hast, ist der nächste Schritt, dass du diesen prüfst. Allgemein gesprochen sind solche Eindrücke meist ausschließlich für dich bestimmt und nicht allgemein gültig.

So sollte man nicht sofort mit großen Eingebungen zu seinen Nachbarn/seiner Nachbarin gehen. Aber es liegt an dir, zu schauen, ob Gott wirklich dies zu dir gesagt haben kann. Du kannst das mit folgenden Punkten überprüfen:

- Passt die Aussage deines Eindrucks mit den Aussagen der Bibel als Ganzes zusammen?
- Du bist schon einige Zeit mit Gott unterwegs und kennst ihn. Passt die Aussage zu ihm?
- Wenn du unsicher bist: Frage andere Christen in deinem Umfeld, ob der Eindruck zu Gott passt.

Gott widerspricht sich nicht. Nicht in der Bibel und auch nicht darüber hinaus. Doch es ist nicht immer einfach, alles einzuordnen oder zu verstehen. Vielleicht machst du auch die Erfahrung, dass manche Gedanken nicht richtig waren. Aber das macht nichts. Denn auf die Stimme des Heiligen Geistes zu hören, kannst du Stück für Stück erlernen. Gott ehrt dein Ausprobieren, denn du zeigst Gott damit dein Herz. Solltest du ihn vielleicht immer wieder falsch verstehen, sieht er doch, dass du treu versuchst, seine Stimme zu hören und ihr folgst. Achte darauf, was daraus entsteht. Welche Auswirkungen haben deine prophetischen Impulse für dich und dein Umfeld? Kommst du Gott dadurch näher oder bringt es dich mehr durcheinander?

An ihren Früchten werdet ihr sie erkennen.
Matthäus 7,16a | Die Bibel, Genfer Übersetzung

Ich möchte dir Mut machen, mit Gott im Dialog zu bleiben. Zeige ihm dein Herz und nimm Gottes Wort als ersten Schritt, um seine Stimme auch individuell für dich zu hören. Daraus kann ein Leben in Fülle entstehen.

Gebet

Lieber Vater im Himmel. Ich danke dir so sehr, dass ich mit dir reden kann, wie mit einem guten Freund. Danke, zeigst du mir nicht nur den Weg für mein Leben, sondern offenbarst mir auch dein Herz. Bitte hilf mir, dein persönliches Reden zu mir immer besser zu verstehen. Ich danke dir dafür. Ich liebe dich. Amen

Next Steps

1. Verbringe Qualitätszeit mit Gott.
2. Lies einen Bibeltext und bitte den Heiligen Geist, dass er zu dir spricht.
3. Prüfe deinen Eindruck und handle anschließend danach.

E
MO
TIO
NA
TAU
CHEN

Emotional eintauchen

In meiner (Leo) Smallgroup wird es nie langweilig. Wir haben viel Spaß, lachen laut und dann passiert es immer wieder, dass wir hitzig über ein Thema diskutieren. Wir reißen uns sprichwörtlich fast die Köpfe ab, doch bleiben versöhnt und haben es sehr gut miteinander. Ich weiß nicht, wie du zu Emotionen stehst. Was den einen lieb ist, empfinden die anderen wieder als unsachlich und schwierig. Nichtsdestotrotz, wir alle sind und bleiben Menschen mit Emotionen. Wir sind geprägt von unserer Familie, wie wir aufgewachsen sind und der Kultur, in der wir leben. Emotionen bieten einen sehr großen Schatz. Sie können uns unsere Bedürfnisse aufzeigen und Orientierung geben, haben aber das Potential, zu zerstören. Handeln wir vorschnell nach den momentanen Gefühlen, bereuen wir oft, was daraus entsteht. Doch eines haben unsere Emotionen gemeinsam: Sie offenbaren viel mehr von unserem Herzen als von unserem Verstand. Und darum geht es in diesem Kapitel. Wir wollen das Herz in den Bibeltexten näher kennenlernen.

Suche dir einen Bibeltext heraus
Suche dir einen Bibeltext, den du auf die Emotionen durchleuchten möchtest. Am einfachsten ist es, mit einer Erzählung oder Geschichte zu beginnen. Dort sind die Emotionen meistens stärker ersichtlich als beispielsweise in Briefen.

Lies den Bibeltext laut vor
Beginne damit, dass du dir den Text laut vorliest. Überlege dir, mit welcher Emotion dieser Text unterlegt ist. In welcher Tonlage wurde etwas gesagt? Gab es vielleicht einen Unterton? War der Protagonist mit einer bestimmten Emotion in dieser Situation? Als Beispiel: Untersuche einmal diesen Text von Jesus und beobachte, wie sich dieser laut und emotional ausgesprochen anfühlt.

> *Als Jesus es bemerkte, wurde er zornig und sagte zu den Jüngern: Lasst die Kinder doch zu mir kommen und hindert sie nicht daran; denn für Menschen wie sie steht Gottes neue Welt offen.*
>
> *Markus 10,14 | Die Bibel, Gute Nachricht*

Bestimmt kennst du diesen Text bereits. Je nach Prägung und Vorstellung haben wir diese Stelle vielleicht ziemlich „freundlich“ im Ohr. Aber hier steht, dass Jesus zornig wurde. Erinnere dich an eine Situation zurück, bei der du einen Menschen zornig erlebt hast oder du sogar selbst von der Wut übermannt wurdest. Und jetzt überlege dir: Passt das zu dieser Emotion, wie du den Text gelesen hast? Passt die Emotion von Wut zu deinem Gottesbild und zu deinen Vorstellungen, wie Jesus ist? Es ist erstaunlich, wie kleine Emotionen schon etwas in unserer Überzeugung und Vorstellung verschieben können. Lies den Text jetzt noch einmal laut mit den Emotionen vor, die du angebracht findest. Anschließend lies den Abschnitt noch ein weiteres Mal mit (fast) übertriebenen Emotionen vor.

Ich habe bemerkt, wenn ich mir diesen Ausschnitt der Geschichte aus Markus laut und emotional vorlese, kommt zu Beginn der Zorn aus mir raus. Doch beim letzten Satz beruhigt sich meine Stimme langsam wieder und ein Gefühl von Verständnis kommt bei mir hoch. Das zeigt auf, wie ich persönlich Jesus in dieser Geschichte wahrnehme. Ja, er ist zornig und zeigt sein Anliegen. Gleichzeitig ist er auch voll Liebe für alle Menschen. Diese zeigt sich sowohl in den Emotionen des Verständnisses als auch des Zorns. Es ist erstaunlich, was das Vorlesen mit Emotionen auslöst. Sie offenbaren nicht nur etwas vom Text, sondern auch von uns persönlich. So kann es sein, dass wir uns viel eher an etwas stören, als wenn wir es nur sachlich betrachten. Wenn das so passiert: Bleibe genau bei dieser Stelle des Textes stehen und gehe dem nach. Vielleicht möchte Gott dir etwas zeigen. Vielleicht kann es dir helfen, Blockaden im eigenen Leben zu lösen. Vielleicht ändert es deine Sichtweise über unseren liebenden Vater im Himmel.

Emotionen schaffen Nähe

In Beziehungen sind wir meistens auch emotional. Dort lieben und freuen wir uns. Auch Tränen gibt es hier und da einmal. Was dazugehört, ist auch mal unreflektiert emotional sein zu dürfen. Vielleicht wird man laut oder sauer und beginnt zu weinen. Bei Kindern können wir dies oft einordnen, was der wirkliche Grund dieser Gefühlslage ist. Bei Erwachsenen fällt es jedoch oft schwer. Denn unbewusst erwarten wir bei uns ein anderes Verhalten. Doch gerade die Freiheit, vor dem anderen emotional sein zu dürfen, schafft Nähe. Leider vergessen viele von uns, diese Seite auch Gott zu zeigen.

Gerade, wenn wir in Situationen stecken, in denen wir nicht alles verstehen und wir überfordert sind, dürfen und sollen wir auch vor Gott emotional werden können. Ob positive oder negative Gefühle: Wenn nicht Gott, wer sonst kann uns denn verstehen und unsere Gefühle perfekt einordnen? Nur wo Vertrauen und Nähe herrschen, können wir unsere Emotionen ohne Maske zeigen. Da sind wir bei unserem Schöpfer an der perfekten Adresse.

Das emotionale Lesen der Bibel kann ein Weg dorthin sein, dass wir uns mehr „trauen", ihm so zu begegnen. Lies dir einmal laut die Psalmen vor. Da steht von Freude über Jubelgeschrei bis hin zu Unverständnis und Klage gegenüber Gott alles drin. Da ist wenig Sachlichkeit, sondern es sprüht das volle Leben. Ich möchte dir Mut machen, dich auch emotional der Bibel zu nähern. Gerade, wenn es dir nicht so leichtfällt, mit deinen Gefühlen umzugehen, ist es umso wichtiger. Probiere es aus. Begegne Gott mit Haut und Haaren.

Variante Emotionen von Gott

Nicht nur wir haben Emotionen, sondern Gott auch. Da wir als sein Ebenbild geschaffen sind, können wir auch darin Gott erkennen. Es schafft eine weitere Ebene, wenn wir auch Emotionen in der Bibel betrachten. Die Frage ist: Was fühlt Gott?

- Was macht Gott glücklich?
- Was bringt Gott zum Lachen?
- Was bringt Gott zum Weinen?
- Was macht Gott zornig?
- Was macht Gott nachdenklich?
- Hat Gott Schmerzen?
- Hat Gott auch mal schlechte Laune?

Suche entweder Bibeltexte, die dir auf solche Fragen eine Antwort geben oder entdecke im jeweiligen Text, den du gerade liest, was Gott wohl fühlt.

> *Wo ist ein Gott wie du, der die Sünden vergibt und die Missetaten seines Volkes verzeiht? Der nicht für immer an seinem Zorn festhält, sondern der sich freut, wenn er barmherzig sein kann?*
> *Micha 7,18 | Die Bibel, Neues Leben*

Gebet

Lieber Vater. Ich danke dir, darf ich bei dir alle meine Emotionen zeigen und verstehst du mich. Danke, bist du ein Gott mit Gefühlen. Ich möchte lernen, auch deine Emotionen immer besser zu verstehen und dir so zu begegnen, wie du es liebst. Danke, dass du mein Papa bist, der zu mir steht und mich liebt. Danke dir, hilfst du mir, die Bibel, mich und vor allem dich immer näher kennenzulernen. Ich liebe dich. Amen

Next Steps

1. Suche dir einen Bibeltext aus, den du laut und emotional liest.
2. Tauche beim Lesen in die Emotionen des Textes ein und beobachte, was dies bei dir auslöst.
3. Gehe den Punkten nach, die bei dir selbst die größten Emotionen auslösen (Freude, Wut, Ärger, etc.).

LOSU
NGEN

Losungen

Wir alle kennen Adventskalender. Als Kind hast sicher auch du dich jeden Morgen im Dezember darauf gefreut, ein neues Türchen aufzumachen. Je nach Kalender war dahinter dann ein Stück Schokolade oder bei selbstgemachten Geschenken eine Bandbreite von großartigen Überraschungen. Wir alle lieben es, wenn man ermutigt und beschenkt wird. Das fängt schon bei den Kindern an. Aber egal wie alt man wird: Es ist und bleibt etwas Schönes. Für eine Freundin habe ich (Susanna) auch einmal einen Adventskalender gebastelt und zusammengestellt. Erst sollte es eine kleine Überraschung mit verschiedenen Teesorten werden. Aber dann habe ich die Idee gehabt, ihr zu jedem Tag noch einen ermutigenden Bibelvers dazuzuschreiben. So konnte meine Freundin den Tag nicht nur mit einem guten Tee, sondern mit einem Vers aus dem Herzen von Gott starten. Um ehrlich zu sein: Ich fand das selbst so inspirierend, dass ich gleich zwei weitere solche Adventskalender zusammengestellt habe. Einen für meine Freundin – und einen für mich selbst. Mich hat es jeden Tag so stark ermutigt, mit einem Vers in den Tag zu starten und bei einer Tasse Tee darüber nachzudenken. Als ich den Zettel mit dem Vers wegschmeißen wollte, dachte ich: Wieso eigentlich? So begann ich alle Verse auf den kleinen Karten zu sammeln. Über die Jahre haben sich bei mir nach und nach eine große Anzahl von Bibelverskarten angesammelt. Einige von diesen Adventskalendern und einige von Versen, die ich sonst extra aufgeschrieben habe, weil sie mich besonders angesprochen haben. So habe ich über all diese Zeit die Bibel immer auch wieder „ziehend" gelesen.

Sammle dir Bibelverse

Es gibt Menschen, die sammeln Münzen, Briefmarken oder Teetassen. Andere wiederum gute Erlebnisse oder was auch immer man sammeln kann. Beginne doch auch damit, Bibelverse zu sammeln. Wir alle stoßen beim Lesen der Bibel auf Verse, die uns besonders berühren oder beschäftigen. Wenn das passiert, dann behalte diesen Vers unbedingt und „sammle" ihn. Vielleicht schreibst du ihn auf eine schöne Karteikarte oder du druckst ihn sogar darauf aus. Anschließend bewahre diese Karte an einem Ort auf, an dem du sie gut wiederfindest. Vielleicht ist es eine kleine Box, ein Glas oder eine Schublade. Ebenso bekommen wir immer wieder Karten mit Versen oder Losungen drauf geschenkt. Behalte auch diese biblischen Schätze. Vielleicht möchtest du mit einem Grundstock an guten Versen starten; dann kaufe dir doch Bibelverskarten. Mit der Zeit kannst du dir auch eine Versliste von deinen eigenen Karten erstellen (siehe dazu auch die Liste aus Kapitel „Auswendig lernen“). Deine gesammelten Verse ergeben so ein sehr persönliches Bild.

Ziehe einen Bibelvers

Nimm aus deiner Sammlung nun einen Vers heraus. Ziehe ihn einfach und lies ihn durch. Vielleicht springt dir sofort etwas ins Auge oder ins Herz. Genieße die Ermutigung und die Wahrheit, die Gott dir zuspricht. Wenn die Karte aus deiner persönlichen Sammlung ist, fällt dir vielleicht auch wieder ein, warum du gerade diesen Vers in deine Bibelvers-Auswahl genommen hast. Was hat dich dazumal an diesem Vers angesprochen? Was löst der Vers heute in dir aus? Welche Wahrheit sagt Gott dir dadurch? Was steht in diesem Bibelvers wirklich? Vielleicht nervt dich der Bibelvers auch und du hättest dir einen anderen gewünscht. Was hättest du dir anstelle gewünscht? Komme über diese Gefühle und Gedanken mit Gott ins Gespräch.

Nimm den Bibelvers mit in den Tag

Manchmal ist es bei den Bibeltexten so, dass einen sofort etwas anspricht. Aber gerade, wenn dies auch nicht passiert, nimm die Karte mit in den Tag und lies den Vers immer mal wieder. Du wirst merken, dass durch die Wiederholung etwas passiert. Du kommst immer tiefer in den Text hinein und gibst durch die Zeit dem Heiligen Geist Raum, dass er durch den Vers persönlich zu dir reden kann. Dieser zufällig für den Tag gezogene Bibelvers kann dir ganz unterschiedlich dienen:

- als einfache Ermutigung
- als prophetische Ermutigung für eine konkrete Situation im Leben
- als Leitvers/Leitmotiv für den Tag
- als Vertiefung von Gottes Wahrheit und Liebe
- als Ermutigung für Personen, denen du heute begegnest

Ich bin immer wieder erstaunt, was solch eine einzelne Karte in meinem Tag bewirkt. Bei mir persönlich, aber auch bei anderen Menschen, denen ich durch den Tag begegne. Wenn wir ermutigt und inspiriert sind, verändert es uns und unsere Umgebung.

Vor einiger Zeit war ich (Susanna) nach eineinhalb Wochen Urlaub etwas ungeduldig mit mir selbst. Ich machte mir Gedanken über meine Aufgaben in der Kirche. Es waren jedoch nicht nur mutmachende Punkte, die mir in den Sinn kamen. Im Gegenteil, alles schien mich herunterzuziehen. „Du musst etwas bringen! Dein Ladies Ministry kommt nicht voran. Was hast du für neue Pläne? Was ist die Vision? Du hast ja gar nichts zu bieten. Du brauchst Inputs. Was willst DU schon ausrichten. Du leitest zwar den ganzen Frauenbereich, aber ob du wirklich eine gute Leiterin bist, ist eine ganz andere Sache.“ Kennst du so etwas? Plötzlich kommt man in einen Strudel, der einen runterzieht und einem die Luft zuschnürt. Diese trüben und anklagenden Gedanken nehmen einem die Freude an allem und man möchte am liebsten alles hinschmeißen oder weglaufen. Zum Glück hatte ich im Urlaub meine Bibelversebox dabei. Ich habe dann begonnen, einen Vers zu ziehen und zu lesen. In dieser Situation war ich so verzweifelt, dass mir ein Vers noch nicht reichte. Darum zog ich weitere Bibeltexte, bis eine ganze Bibelvers-Straße entstand. Die Verse waren der Weg aus meiner ausweglosen Situation heraus. Dies war für mich die Antwort auf meine Frage, ob ich die richtige Person für die Aufgabe in unserer Kirche wäre und ob ich genug dafür hätte. So habe ich an diesem Morgen folgende Verse aus meinem Stapel gezogen und gelesen:

Gott gibt mir Kraft und macht den Weg sicher.
Psalm 18,33 | Die Bibel, Neues Leben

Der Herr ist mein Hirte, mir wird nichts mangeln.
Psalm 23,1 | Die Bibel, Luther

Alle eure Sorgen werft auf ihn, denn er sorgt für euch.
1. Petrus 5,7 | Die Bibel, Gute Nachricht

Erinnert euch vielmehr daran, dass es der Herr, euer Gott, ist, der euch die Kraft gibt.
5. Mose 8,18 | Die Bibel, Neues Leben

Herr, hab Acht auf mich!
Jeremia 18,19 | Die Bibel, Luther

Er sprach: Mein Angesicht soll vorangehen; ich will dich zur Ruhe leiten.
2. Mose 33,14 | Die Bibel, Luther

Wenn ich dich anrufe, so erhörst du mich und gibst meiner Seele große Kraft.
Psalm 138,3 | Die Bibel, Luther

Bei dem Herrn findet man Hilfe.
Psalm 3,9 | Die Bibel, Luther

Darum werde ich mich jetzt erheben und denen Rettung bringen, die bedrängt werden!
Psalm 12,6 | Die Bibel, Neue Genfer

Das war für mich äußerst ermutigend! Gott gab mir genau in dem Moment die Sicherheit, in dem ich sie dringend brauchte. Diese Verse halfen mir, den Weg aus meinen eigenen Lügen zu finden. Denn seine Wahrheiten haben mehr Gewicht als meine momentanen Gefühle oder verwirrten Gedanken. Er meint es gut mit jedem und jeder von uns. Ich habe es so oft erlebt, dass diese kleinen Karten mit Bibelversen mir und anderen Menschen Hoffnung geschenkt haben. Leo und ich hatten eine Zeit lang ein Mandat im Fernsehen, bei dem Menschen uns live ins Studio anrufen konnten und wir für diese Menschen beteten. Immer wieder konnte ich mit diesen mutmachenden Versen anderen Menschen dienen und ihnen Hoffnung schenken. Der Heilige Geist hat es so oft gelenkt, dass gerade der richtige Vers für die richtige Person gezogen wurde. Ich erinnere mich an eine Frau, die gezwungen war, innerhalb kürzester Zeit aus ihrer Wohnung auszuziehen. Sie hatte keinen Job und war alleinerziehend. Wir konnten sie sogar zu unserem sozialen Arbeitszweig unserer Kirche vermitteln. Aber der Bibelvers, der mir für sie in die Hände kam, gab ihr etwas, was ihr Herz dringend brauchte:

Sie strahlt Kraft und Würde aus, und sie lacht und hat keine Angst vor dem kommenden Tag.
Sprüche 31,26 | Die Bibel, Neues Leben

Solche Bibelverse zeigen die Sicht Gottes über eine hoffnungslose Situation und das hat enorme Kraft. Mir ist es bewusst, dass diese zufällige Ziehen manchen wie eine Art „Orakel“ vorkommen kann und es sie irritiert. Es geht in der Beziehung mit Gott immer um den Dialog und die Gemeinschaft mit ihm. Aber Gott ist groß und führt uns jeden neuen Tag. Denn manchmal wissen wir nicht, was dran ist. Durch das Ziehen dieser Verse kann Gott zu uns sprechen. Wie im Alten Testament im Glauben Lose gezogen worden sind, dürfen wir Gott heute auch so begegnen. Dies ist dank Jesus und dem Heiligen Geist nicht die einzige Möglichkeit, sondern einer von sehr vielen Zugängen, Gott und sein Reden persönlich zu erleben.

Gebet

Lieber Vater im Himmel. Danke, dass du mir immer wieder Bibelverse schenkst, die mich persönlich ansprechen, ermutigen und deine Sicht über mein Leben und meine Umstände zeigen. Ich möchte dein Wort ernst nehmen. Danke für diese unendliche göttliche Kraftquelle, die mir jederzeit zur Verfügung steht. Danke, umgibst du mich mit deiner Kraft und deiner Liebe! Ich brauche dich! Amen

Next Steps

1. Beginne damit, Bibelverse zu sammeln.
2. Ziehe einen Bibelvers und beschäftige dich mit ihm.
3. Nimm den Vers mit in deinen Tag. Entdecke, was diese Aussage heute für dich bedeutet.

Bibel malen

Kannst du dich an deine Schulzeit zurück erinnern? Da gab es doch Hefte und Schnellhefter mit jeder Menge Papier. Je nachdem wie interessant der Unterricht war, hat man Notizen dazu gemacht. Und dann gab es da die vielen kleinen Zettel, die man vollkritzelte. Mal wurden es kleine Kunstwerke, mal aber auch nur Sternchen, Kreuze und Striche, die sich am Rand eines Schulheftes entlang schlängelten. Aber was man als Schüler oder Schülerin damals kaum wusste: Das Malen während des Unterrichts hilft fast immer, sich zu konzentrieren. Manchmal schafft erst genau dieses Kritzeln den richtigen Fokus, um konzentriert am Unterricht teilzunehmen. Und wenn wir heute mal lange telefonieren, kann der leere Umschlag, der dabei vor uns liegt, auch schnell mal kreativ gestaltet werden. Was wäre nun, wenn wir diese kreative Art nutzen würden, um die Bibel zu lesen? Kann das eventuell auch unsere Konzentration stärken und den Fokus schärfen? Lass es uns ausprobieren.

Höre die Bibel und male

Es gibt viele gute Hörbibeln. So haben beispielsweise Musik Streaming Anbieter (wie z.B. Spotify) verschiedenste Hörbibeln im Angebot. Auch die verschiedenen Bibel-Apps haben Hörbibeln gleich mit integriert. Setze dich mit einem Blatt Papier oder einem schönen Notizbuch an einen Tisch und höre dir die Bibel an. Und, ohne dabei viel nachzudenken, beginne dazu zu malen. Ob es nun kleine Gemälde werden oder nur Striche und Punkte: Male einfach drauf los. Wie früher in der Schule oder im Studium kann dir das Malen helfen, dich auf den Text zu konzentrieren. Aber nicht nur das. Vielleicht trifft dich eine Aussage mitten ins Herz oder ein Wort sticht besonders hervor. Genau das beginnst du dann beim Malen bewusst oder unbewusst aufzugreifen. Verfolge diese Inspiration und probiere einfach einmal herum. Je nachdem, wie lange du dir Zeit nehmen möchtest, betrachte ab und zu, was du gemalt hast. Erkennst du etwas Bestimmtes? Was hat das Gemalte mit dem Bibeltext zu tun? Gibt es vielleicht ein Gefühl, was durch dein Bild zum Ausdruck kommt? Nimm dir bewusst Zeit, dein Werk zu betrachten und nimm dabei auch Gott mit dazu. Bete zu ihm, dass er dir etwas aufzeigt. Manchmal wird es sein, dass du Verse aus der Bibel hörst und diese etwas bei dir auslösen. Das kann eine Ermutigung aber ebenso gut auch Unsicherheit sein, weil wir oft nicht wissen, wie wir den Gedanken von Gott anwenden oder umsetzen könnten. Das Malen soll dir helfen, dich selbst besser zu reflektieren. Lösen die Texte bei dir etwas Positives oder Negatives aus? Oder bist du momentan selbst so sehr mit anderen Punkten in deinem Leben beschäftigt, dass du dich eigentlich gar nicht auf Gottes Wort konzentrieren kannst? All das kann dir das Malen aufzeigen. Bewerte nicht gleich alles, sondern nimm es als Möglichkeit, dich und Gott näher kennenzulernen. Du wirst staunen, was Gott dir dadurch alles zeigen kann.

Vielleicht mag dir dieser Zugang mit dem Malen zu psychologisch vorkommen oder fast schon zu kindlich. Wir möchten dich ermutigen, dich trotzdem einmal darauf einzulassen. Auch wenn nicht gleich von Beginn weg die großen Erkenntnisse zum Vorschein kommen, bleibe dran. Gott wirkt in dir. Das braucht oft Zeit. Denn ähnlich wie beim Unterricht oder am Telefon: Es schafft dir einen Fokus - dieses Mal auf die Bibel.

Male einen Bibelvers

Hast du schon einmal einen Bibelvers gemalt? Das mag für die einen sehr ungewöhnlich tönen. Aber warum solltest du das nicht einfach einmal ausprobieren? Suche dir dazu einen Bibelvers heraus, der dich besonders anspricht. Ob es nun eine Ermutigung, ein Zuspruch, eine Verheißung oder einfach einer deiner Lieblingsverse ist. Nimm auch hier einfach ein Blatt Papier oder ein Notizheft hervor und beginne zu malen. Folgende Ideen helfen dir vielleicht, um deinen Vers auf Papier zu bekommen:

- Lettering: Das beschreibt die Kunst des schönen Schreibens oder der Schriftkunst. Du schreibst/malst den Vers in „Lettern" nach.
- Du malst, was dir der Vers bedeutet. Dies kann ein Bild sein oder auch einfach abstrakte Elemente.
- Du fängst, ohne nachzudenken einfach an, drauflos zu malen (wie oben beschrieben).
- Du malst etwas, was in deinem Leben passieren könnte, wenn dieser Vers bei dir Wirklichkeit werden würde.

Dieser sehr kreative Zugang zur Bibel kann dir etwas Neues von dir selbst zeigen. Denn gerade mit der Kreativität können wir oft etwas aus unserem Herzen ausdrücken, was wir in Worten nicht beschreiben können. Dies darf liebevoll und voller Hoffnung sein. Aber auch wenn negative Gefühle hochkommen, dürfen diese aufs Papier gebracht werden. Entscheidend ist allein, dass wir mit all unserem Sein Gott begegnen können und nichts vor ihm zurückhalten. Gott schätzt das.

Bild von Susanna beim Hören der Bibelstellen 2. Könige 20–22 und Psalm 107–110.

Bild von Susanna beim Hören der Bibelstellen 1. Mose 1–15

Es gibt auch Lettering-Bibeln oder Bücher, in denen man Bibelverse in Letteringschrift ausmalen kann. Diese fast meditative Art, sich mit Texten aus der Bibel auseinanderzusetzen, kann uns zur Ruhe und auch zu neuen Erkenntnissen über Gott führen. Probiere es aus. Traue dich, dich Gott kindlich zu nähern.

Gebet

Lieber Vater. Ich danke dir von ganzem Herzen, dass du mich so liebst, wie ich bin. Danke, darf ich mich dir ganz zeigen und freust du dich darüber. Ich liebe deine Art und deine Nähe zu mir. Danke, hast du deine kreativen Eigenschaften auch in mich hineingelegt und darf ich dir mit meinen Begabungen begegnen. Danke, bist du mein Papa und ich dein Kind. Ich vertraue dir alles an. Amen

Next Steps

1. Suche dir einen Vers aus, den du malen möchtest. Alternative: Schalte eine Hörbibel ein.
2. Male etwas zu diesem Bibelvers. Alternative: Male einfach, was dir in den Sinn kommt.
3. Besprich mit Gott, was du gezeichnet hast.

BIBEL MIT SYSTEM

Altes Testament
Neues Testament

since year
0000

Bibel mit System

Es gibt sehr viele gute Bücher, die ich (Susanna) in meinem Leben schon gelesen habe. Darunter befinden sich nicht nur Romane oder Biografien, sondern auch hervorragende Sachbücher. So konnte ich schon so vieles lernen und mir nützliches und spannendes Wissen aneignen. Vielleicht kennst du das auch, dass einem im richtigen Kontext etwas in den Sinn kommt, was man in jenem Buch einmal gelesen hat. Man weiß es noch genau, dass es so ungefähr dort drin stand und nun sucht man nach dieser einen Stelle. Es muss doch da auf einer bestimmten Seite unten rechts stehen. Und so blätterst du durch das Buch hindurch und hörst nicht auf, bis du auf die richtige Stelle stößt. Ich habe mir angewöhnt, gerade bei Sachbüchern beim Lesen einen Textmarker zu nutzen. So kann ich mir die für mich wichtigen Punkte direkt anstreichen. Wenn ich mal wieder auf der Suche nach einer bestimmten Information bin, finde ich diese Stellen dann viel schneller. Wenn wir nun unsere Bibel beim Lesen anstreichen, stellt sich derselbe Effekt ein: Wir finden diese Stellen später schneller wieder. Aber mehr noch: Beim Anstreichen von den verschiedenen Stellen vertieft sich die Aussage viel effektiver als beim bloßen Lesen. Sprich, die Aussagen und Wahrheiten bleiben besser in unserem Gedächtnis hängen.

Erstelle dir ein Farbsystem

Wenn wir nun beginnen, verschiedene Textstellen in der Bibel farbig zu markieren, dann sind wir mit nur einer Farbe schnell aufgeschmissen. Da die Bibel so viele verschiedene Aspekte für unser Leben und auch von Gott und wie er ist, beleuchtet, ist es ratsam, für die Markierung eine Auswahl von Farben zu nutzen. Denn so kannst du anschließend die Verse zu den passenden Kategorien schneller wieder finden. Gleichzeitig helfen dir diese Bereiche, den Text auch gedanklich einzuordnen. Du kannst deine Einteilung selbst zusammenstellen, wie es dir am besten passt und was dir wichtig ist. Als Anregung dazu ein paar Vorschläge:

Variante 1

grün = *Gottes Versprechen*
gelb = *Gottes Eigenschaften*
rot = *Gottes Aufforderungen*
orange = *das will ich mir merken*

Variante 2[4]

gelb = *Glaubensvorbilder, Lebensbilder, Erlebnisberichte*

orange = *Gemeinde, Gemeinschaft, die Christen, die Erziehung*

rot = *Christwerden, Christsein, Glaube, Wachstum, Mission*

magenta = *Liebe, Ehe, Freundschaft, Sexualität, Frau/Mann in der Bibel*

lila = *Verheißung auf die künftige Welt, über den Himmel, Engel und Ewigkeit*

blau = *alles über Gott, Jesus, den Heiligen Geist*

hellgrün = *persönliche Gotteserlebnisse / da habe ich etwas gelernt*

dunkelgrün = *Verheißungen, Trost, Segen, Seelsorge, Gebet*

braun = *Prophetie, Endzeit, künftige Ereignisse auf der Erde*

grau = *Versuchungen, Ermahnungen, Achtung, Verbote*

schwarz = *Sünde, Schuld, Tod, Teufel, Gericht, Leiden, Sterben, Hölle, Sinnlosigkeit*

Variante 3

gelb = *Wie ist Gott? Was beschreibt Gott in diesem Abschnitt?*

rot = *Was betrifft mich? Was ist meine Verantwortung?*

Variante 4

schwarz = *Negatives, Sünde, Hass, Tod*

rot = *Kreuz und Auferstehung, Beginn des Glaubens, Rechtfertigung, Erlösung*

grün = *Entfaltung des Glaubens, Leben, Liebe*

blau = *sonstige wichtige Aussagen*

Variante 5

gelb = *Jesus, sein Leben*

blau = *Heiliger Geist, sein Wirken*

rot = *Vater, Gott, sein Verhalten und seine Beziehung zu uns*

Du merkst, es gibt verschiedene Möglichkeiten, wie du ein Markierungssystem für deine Bibel nutzt. Vielleicht beginnst du zuerst mit nur drei Farben und baust nach und nach deine Kategorien aus. So stellst du auch auf längere Sicht sicher, dass du mit deinem Farbsystem zurechtkommst und deine Markierungen dir helfen, da sie sich nicht farblich ändern.

---

4 bibellesebund.ch

Lies mit Stiften

Mit guten Markierungsstiften kannst du nun deine Bibel aufschlagen. Gerade am Anfang ist es hilfreich, eine Liste deiner Kategorien neben der Bibel zu haben. Fertige dir vielleicht dazu eine kleine Karte oder ein Lesezeichen an. Es gibt grob gesagt zwei Varianten, wie du mit den Stiften nun an den Text herangehen kannst:

- Markiere alles in deinem Text, was zu deinen gewählten Kategorien zugeordnet werden kann.
- Markiere nur die Stellen, die dich gemäß deinem System besonders ansprechen.

Ich möchte dir empfehlen, zuerst mit dem zweiten Vorschlag zu beginnen. So bekommst du nach und nach ein Gefühl für diese Art, die Bibel zu lesen. Anbei ein Beispiel mit der Kategorie-Variante 1 (siehe oben):

> *Sorgt euch um nichts, sondern betet um alles. Sagt Gott, was ihr braucht, und dankt ihm. Ihr werdet Gottes Frieden erfahren, der größer ist, als unser menschlicher Verstand es je begreifen kann. Sein Friede wird eure Herzen und Gedanken im Glauben an Jesus Christus bewahren.*
>
> *Philipper 4,6-7 | Die Bibel, Neues Leben*

Du bemerkst recht schnell, dass diese Art dir enorm hilft, den Text schneller zu verstehen, zu strukturieren und für dich zu einer Anwendung zu bringen. Eine gute Freundin von mir hat auch so begonnen, die Bibel zu lesen. Wie wir alle hatte sie auch ihre Fragen zum Glauben, über Gott und über das eigene Verhalten. Beim Anstreichen der Texte hat sie nach und nach bemerkt, wie viel die Bibel über Gott, seine Größe, sein Wirken und seine Versprechen offenbart. Im Gegensatz dazu sind die Anforderungen an uns so gering. Je mehr wir die Bibel verstehen, desto mehr erkennen wir, wie unendlich groß sein Anteil für unsere Beziehung ist und wie dankbar wir über sein Eingreifen sein dürfen. Dies zeigt sich in der Bibel so stark, dass es das Vertrauen zu unserem Vater im Himmel stärkt. Wir können ihm vertrauen und ihm unser ganzes Herz offenbaren.

Probiere es aus, deine Bibel zu markieren. Es schafft dir beim Lesen einen neuen Fokus und eine Struktur. Ebenso wirst du die Bibel immer tiefer kennenlernen, sie wird dir immer näher und persönlicher. Zusätzlich wirst du die Verse, die du gelesen hast, schneller wieder finden.

Gebet

Lieber Vater. Ich danke dir, dass die Bibel voller Schätze und Wahrheiten ist. Danke, beschreibst du dich darin als so vollkommen und darf ich dich dadurch immer besser kennenlernen. Ich will dir folgen, deinen Willen tun und ich bin unendlich dankbar, dass ich dein Kind sein darf. Amen

Next Steps

1. Erstelle dir ein Farbmarkierungssystem zu den Themen, die dir beim Bibellesen wichtig sind.
2. Markiere den Text beim Lesen in deiner Farbstruktur.
3. Wenn du deine Bibel zu einem bestimmten Thema durchblätterst, nutze deine Farbmarkierungen, um wichtige Wahrheiten zu entdecken.

Geschichte

Ge·schich·te

Geschichtsbuch

Wir kennen sie alle: diese eine besondere Person, die so packende Geschichten aus ihrem eigenen Leben erzählen kann. Sei es die eine liebe Tante, der verschrobene Onkel oder die Oma. Wenn sie erst einmal loslegt, dann sprüht das Leben. Mal lacht man, mal versteht man nur Bahnhof und ein andermal wird bei der Erzählung gefühlt die Hälfte der eigentlichen Geschichte weggelassen. Dann hört man irritiert zu und wundert sich, was sich das Gegenüber gerade so zusammenreimt. Da gibt es beim Erzählen Zeitsprünge von einigen Jahren; plötzlich ist man wieder weit in die Vergangenheit eingetaucht und im nächsten Moment kommt ein Thema von gestern auf den Tisch. Doch für die erzählende Person scheint alles schlüssig und logisch nachvollziehbar. Von außen fühlt es sich mal spannend an, mal langweilig, ein andermal völlig verwirrend. Doch eines bleibt: Wir lieben alle unsere lieben Tanten und Onkels, die uns die Welt auf ihre Art erklären. Einfacher wäre es jedoch, sie würden uns ihren Lebensbericht etwas chronologischer erzählen. So könnten wir ihnen folgen und sie verstehen.

Du weißt es natürlich schon. Die Bibel springt – gerade im Alten Testament – in der Zeit mal vor und zurück. So braucht es von uns Lesenden wirklich eine große Aufmerksamkeit, dass wir alles gleich richtig einordnen können. Darum kommt nun das chronologische Lesen der Bibel.

Warum ist die Bibel zeitlich durcheinander?

Die Bibel besteht aus einzelnen Büchern, die in einem Buch zusammengestellt worden sind. Die Bibel ist eigentlich eine Bibliothek. An diesem sehr lebendigen Entstehungsprozess waren sehr viele Menschen beteiligt. Wie damals üblich, wurden viele Schriften zuerst mündlich in der jüdischen Kultur weitergegeben und später dann schriftlich zusammengetragen. Die Bibel gilt als das beste historisch belegte Buch der Welt. Die Deutsche Bibelgesellschaft erklärt die Entstehung des Alten und Neuen Testamentes folgendermaßen:

„Ab dem 5. Jahrhundert v. Chr. haben jüdische Gelehrte die heiligen Schriften dann zu größeren Einheiten zusammengefügt, beginnend mit der Tora, den fünf Büchern Mose. Die jüngsten Bücher wurden erst im 2. Jahrhundert v.Chr. niedergeschrieben. So sind von den Anfängen mündlicher Überlieferung bis zu den letzten schriftlichen Aufzeichnungen des Alten Testaments etwa tausend Jahre vergangen. (...)

Entstehung des Neuen Testaments: Zwei Jahrzehnte lang schrieben die „Nazoräer", wie man die Christen erst nannte (Apostelgeschichte 24,5), nichts über Jesus auf. Sie glaubten daran, dass er so bald wiederkäme, dass man keine dauerhaften Aufzeichnungen brauche. Der früheste Text des Neuen Testaments stammt aus dem Jahr 50. Es ist der Brief des Paulus an die Gemeinde in Thessaloniki. Fragen und theologische Auseinandersetzungen in den von ihm gegründeten Gemeinden führten Paulus dazu, wichtige Themen und Konsequenzen seiner Verkündigung auch schriftlich in Briefen darzulegen. Diese Briefe wurden als Zeugnis der apostolischen Auslegung des Evangeliums aufbewahrt und gesammelt. Sie sind die frühesten Schriften des Neuen Testaments. Etwa zur gleichen Zeit - d.h. um die Mitte des ersten Jahrhunderts - wird man auch damit begonnen haben, die Überlieferung der Worte und Taten Jesu schriftlich zu fixieren, was dann nach und nach zur Niederschrift der vier Evangelien geführt hat. Auf diese Weise sind bis zum Ende des ersten Jahrhunderts die in unserem heutigen Neuen Testament enthaltenen Schriften entstanden."[5]

Die Bibel setzt sich aus einzelnen eigenständigen Büchern, Briefen und Schriften zusammen. So ist es verständlich, dass unterschiedliche Autoren von denselben Geschehnissen berichten; zum Teil aus der gleichen oder auch aus anderer Perspektive. Im gesamten Buch der Bibel bekommen wir so ein sehr aufschlussreiches Bild von dem, was damals geschah, wie Gott wirkte und wie er es auch heute noch tut. Die Zusammenstellung dieser Schriften wurde nach Autor und nicht in einer zeitlichen Abfolge kategorisiert. Trotzdem, die Bibel will dich nicht verwirren, sondern dir helfen, Gott zu begegnen und ihn kennenzulernen. Die zeitliche Reihenfolge einmal genau zu beachten, kann dir die gesamte Bibel in einen neuen und verständlicheren Zusammenhang stellen.

---

5 *www.die-bibel.de/bibeln/wissen-zur-bibel/die-entstehung-der-bibel/die-entstehung-des-alten-und-neuen-testaments*

Nutze einen chronologischen Leseplan
Es gibt verschiedene fertige chronologische Bibelleesepläne. Diese kannst du im Handel erwerben oder sie sind online oder in Bibel-Apps frei verfügbar. In solch einem Plan werden dir die Textstellen in der Reihenfolge angegeben, wie sie zeitlich geschehen sind. Einzelne Pläne ergänzen dazu sogar die ungefähren Jahreszahlen zu den Berichten. So springt man beim Lesen der Bibel von einem Buch ins andere. Du lernst dadurch auf eine neue Art und Weise deine Bibel immer besser kennen und verstehst somit auch schneller, wenn von demselben Ereignis berichtet wird.

Hier ist für den Beginn der Evangelien des Neuen Testaments eine zeitliche Abfolge:

- Johannes 1,1-18; Markus 1,1;
- Lukas 1,1-4; 3,23-38;
- Matthäus 1,1-17
- Lukas 1,5-80
- Matthäus 1,18-2,23; Lukas 2
- Matthäus 3,1-4,11;
- Markus 1,2-13; Johannes 1,19-34;
- Lukas 3,1-23; 4,1-13
- Johannes 1,35-2,12; 2,13-3,21; 3,22-36
- Johannes 4; Matthäus 4,12-17;
- Markus 1,14-15; Lukas 4,14-30
- Matthäus 4,18-25; Markus 1,16-45;
- Lukas 4,31-5,16
- Matthäus 9,1-17; Markus 2,1-22;
- Lukas 5,17-39
- Johannes 5; Matthäus 12,1-21;
- Markus 2,23-3,12; Lukas 6,1-11
- Matthäus 5; Markus 3,13-19;
- Lukas 6,12-36
- Matthäus 6-7; Lukas 6,37-49
- Lukas 7;
- Matthäus 8,1.5-13; 11,2-30
- Matthäus 12,22-50;
- Markus 3,20-35; Lukas 8,1-21

- Markus 4,1-34; Matthäus 13,1-53
- Markus 4,35-5,43;
- Matthäus 8,18.23-34; 9,18-34;
- Lukas 8,22-56
- Markus 6,1-30; Lukas 9,1-10;
- Matthäus 13,54-58; 9,35-11,1; 14,1-12
- Matthäus 14,13-36;
- Markus 6,31-56;
- Lukas 9,11-17; Johannes 6,1-21
- Johannes 6,22-7,1;
- Matthäus 15,1-20; Markus 7,1-23
- Matthäus 15,21-16,20;
- Markus 7,1-23
- Lukas 9,22-45;
- Matthäus 16,21-17,27;
- Markus 8,31-9,32;
- Matthäus 18; 8,19-22;
- Markus 9,33-50;
- Lukas 9,46-62; Johannes 7,2-10

Wir möchten dich ermutigen, dir einmal die Zeit zu nehmen, um die Bibel in der zeitlichen Reihenfolge zu studieren. Denn dadurch bekommst du einen sehr guten Überblick, wie all die Dinge damals geschehen sind. Wir sind überzeugt, dass dein Bild von Gott, seinem Weg mit uns Menschen und mit dir persönlich für dich klarer ersichtlich wird.

Gebet

Lieber Vater im Himmel. Ich danke dir, dass du die Zeit in deinen Händen hältst. Auch wenn ich oft nicht alles sofort verstehe oder durchblicke, so behältst du doch den Überblick. Danke dir, trägst du mich. Danke, erklärst du mir immer mehr, wie du bist und wie du uns alle von Herzen liebst. Danke dir dafür. Ich vertraue dir. Amen

Next Steps

1. Suche dir einen chronologischen Bibelleseplan, mit dem du die Bibel lesen möchtest.
2. Nimm dir ausreichend Zeit, um die Bibel in dieser Form zu lesen.

Dieser Ausschnitt ist entnommen vom Bibelleseplan von Campus für Christus. www.icf.church/blwnz-leseplan

Scan mich!

eten müsse. 21 Jesus spricht zu ihr:
u, glaube mir, es kommt die Stunde, da
weder auf diesem Berg noch in Jerusalem
den Vater anbeten werdet. 22 Ihr betet
, was ihr nicht kennt; wir beten an, was
r kennen, denn das Heil ist aus den
. 23 Es kommt aber die Stunde und ist
jetzt, daß die wahren Anbeter den Vater in
Geist und Wahrheit anbeten werden; denn
auch der Vater sucht solche als seine An-
beter. 24 Gott ist Geist, und die ihn anbe-
ten, müssen in Geist und Wahrheit anbe-
ten. 25 Die Frau spricht zu ihm: Ich weiß,
daß der Messias kommt, der Christus ge-
nannt wird; wenn jener kommt, wird er
uns alles verkündigen. 26 Jesus spricht zu
ihr: Ich bin es, der mit dir redet.

Folgen des Gesprächs mit der Samariterin. Glaube der Samariter – Vom Erntefeld Gottes

27 Und darüber kamen seine Jünger
wunderten sich, daß er mit einer Frau
dete. Dennoch sagte niemand: Was su
du? oder: Was redest du mit ihr? 2
ließ ihren Wasserkrug
die Stadt und sagt
en Me

Wahrheiten entdecken

Heute ist man sich oft nicht sicher, ob das, was man gerade liest oder hört, Wahrheiten oder „Fake News“ sind. Leider hat es sich in unserem Alltag eingebürgert, dass oft nicht alles wahr ist, was gesagt wird. Die Suche nach der Wahrheit gestaltet sich schwieriger denn je. Was kann man denn heute den Menschen, Medien oder irgendwelchen Statistiken noch glauben? Nur weil etwas laut oder oft gesagt wird, stimmt es noch lange nicht. Doch obwohl eine gesunde Wachsamkeit heutzutage angebracht ist, führt sie uns oft aber auch in eine ungesunde Skepsis gegen alles und jeden.

„Fake News“ sind leider auch in unseren eigenen Köpfen Tatsache. Damit meinen wir nicht Dinge aus der Presse, den Nachrichten oder der Politik. Es sind Gedanken, die den Wahrheiten unseres Vaters im Himmel entgegenstehen. Unser Gott liebt uns und doch kommen „Fake News“ in Form von Anklage, Ablehnung oder Ähnlichem in uns hoch. Genau diese Lügen wollen wir nun mit der kommenden Art die Bibel zu lesen, angehen. Denn echte Wahrheiten gibt es auch heute noch: bei Gott!

Welche Gedanken belasten dich?

Vielleicht bist du gerade in einer Situation, die dich einengt oder bedrückt. Das können beispielsweise Sorgen oder Ängste sein, die – wenn auch nicht immer präsent – das eigene Leben und die Seele belasten. Das kann eine Ablehnung oder Anklage gegen dich selbst sein. Oder es ist Unsicherheit, ob man von Gott oder anderen Menschen geliebt und angenommen ist. Es gibt so viele Gedanken, die dir nicht guttun und bei näherem Betrachten auch falsch sind. Diese Gedanken bringen uns in eine Art Gefangenschaft und sind das Gegenteil von einem befreiten Leben, welches Jesus uns versprach.

> *Zur Freiheit hat Christus uns befreit! Bleibt daher standhaft und lasst euch nicht wieder unter das Joch der Sklaverei zwingen!*
> *Galater 5,1 | Die Bibel, Neue Genfer Übersetzung*

Es geht darum zu erkennen, welche „Fake News“ sich bei dir persönlich breit gemacht haben. Sie halten dich klein und schränken ein. Versuche dir dieser Punkte bewusst zu werden.

Falls dir gerade keine negativen Gedanken in den Sinn kommen, gehe einfach weiter zum nächsten Punkt. Gott wird dich richtig führen.

Entdecke Gottes Wahrheiten

Am Anfang dieses Buches haben wir begonnen, über Gottes Namen nachzudenken und diese im eigenen Leben anzuwenden. Es ging darum, Gott mehr zu glauben als deinen momentanen Umständen. Diese Variante des Bibellesens geht in eine ähnliche Richtung. Wir wollen den schlechten Gedanken oder falschen Einstellungen Gottes Wahrheiten gegenüberstellen. Du kannst das unterschiedlich gestalten.

Frage den Heiligen Geist

Bete und frage Gott, dass er dir für deinen Punkt eine Bibelstelle in die Gedanken geben möge. Vielleicht klingt dies für einige ungewohnt. Aber der Heilige Geist lebt in dir und kann zu dir reden. Sei einfach offen für die Möglichkeit und probiere es aus, seine Stimme zu hören, sie kennenzulernen und darauf zu reagieren. Vielleicht kommt dir jetzt eine Geschichte aus der Bibel in den Sinn, ein Teil eines Verses. Oder du empfängst plötzlich eine Versangabe, bei der du gar nicht weißt, was dort steht. Gehe dem nach und suche diese in der Bibel auf. Lies die Stellen und suche die Wahrheiten, die dort für dein Leben stecken. Bleibe dran und nimm dir dafür etwas Zeit.

Suche nach Themen

Du kannst den Wahrheiten auch systematisch auf den Grund gehen. Wenn dir bewusst ist, welche negativen Gedanken du „bekämpfen" möchtest, suche nach einer Antwort in der Bibel. Du kannst das mit einer Konkordanz oder noch einfacher mit bibleserver.com machen. Ebenso findest du mit einer einfachen Suche nach Bibelversen und Themen verschiedene Stellen, die du nachschlagen kannst. Was sagt die Bibel zum Beispiel zu:

- **Sorgen:** z.B. 1. Petrus 5,7
- **Angst:** z.B. Jesaja 4110
- **Anklage:** z.B. Römer 5,8; Jakobus 1,5
- **Zorn:** z.B. Sprüche 15,1
- **Unsicherheit:** z.B. Jesaja 43,1
- **Trauer:** z.B. Matthäus 5,4
- usw.

Manchmal findest du eine direkte Antwort, ein anderes Mal entdeckst du vielleicht dadurch ein eigenes falsches Denkmuster und immer wieder entdeckst du, was Gott wirklich über dich denkt.

Glaube der Wahrheit

Nun hast du eine oder mehrere Bibelstellen als Gegengift zu deinen eigenen vielleicht negativen Gedanken. Lies diese mehrmals durch und überlege dir, was sie dir sagen, im Gegensatz zu dem, was du selbst denkst oder fühlst. Unsere „Fake News" sind oft schon fest in unsere Herzen eingeprägt. Wir müssen darum bewusst hören, was die Wahrheit ist. Denke über diese Bibelverse nach, wiederhole sie, mache dir dazu Notizen, gehe mit ihnen spazieren, lerne sie vielleicht auswendig usw. Was könnte in deinem Leben passieren, wenn dieser Vers wirklich die Wahrheit ist?

Als Beispiel greifen wir das Thema Sorgen auf. Du kennst das sicherlich: Immer wieder kommen Sorgen in dir hoch und die negativen Gedanken beginnen in deinem Kopf zu kreisen. In verstärkter Form entstehen durch diese Sorgen Angst, die dich immer mehr zu lähmen beginnt. Was sagt aber die Bibel dazu?

> *Ladet alle eure Sorgen bei Gott ab, denn er sorgt für euch.*
> *1. Petrus 5,7 | Die Bibel, Hoffnung für alle*

Gott spricht davon, dass wir aktiv werden sollen, wenn Sorgen in unserem Leben auftauchen. Die negativen Gedanken sollen wir bei ihm abladen. Die Wahrheit über das Thema Sorgen ist, dass wir das Gottes Part sein lassen dürfen. Er sorgt sich um dich. Ja, er kümmert sich um dich persönlich. Er ist derjenige, dem du vertrauen kannst. Du brauchst dich nicht mehr zu sorgen, denn Gott tut dies schon. Diese freimachende Wahrheit im Leben zu spüren, ist unglaublich erleichternd. Wie unbeschwerte Kinder in den Tag gehen, darfst auch du dein Leben in Gottes Hände legen. Denn der Vater schaut für deine Sorgen. Dein Teil ist es, ihm aktiv deine Sorgen zu geben und ihm zu vertrauen.

Was so salopp und einfach klingt, kann manchmal mühsam und fast unmöglich wirken. Aber es lohnt sich. Denn Gott lügt nicht. Er steht zu dem, was er gesagt hat. Du darfst ihm glauben. Glaube der Wahrheit. Prüfe deine Gedanken, ob sie echt oder „Fake News“ sind. Es lohnt sich.

Gebet

Lieber Vater im Himmel. Ich danke dir von Herzen, dass dein Wort für immer Bestand hat. Du lügst nie. Du bleibst stets treu. Danke, darf ich mich vollkommen auf dich verlassen. Danke, hilfst du mir, die echten Wahrheiten zu entdecken, die mich in die Freiheit führen. Du bist so gut zu mir. Ich liebe dich. Amen

Next Steps

1. Welche Gedanken beschäftigen dich gerade (negativ)?
2. Suche in der Bibel nach Wahrheiten zu deinem Thema.
3. Beginne Gottes Wort zu glauben, indem du die Verse für dich persönlich annimmst.

Die Autoren

Leo und Susanna Bigger sind die Senior Pastoren der ICF Church, einer Kirche mit über 3.000 Besuchern pro Wochenende, und Leiter des ICF Movements. Mit ihrer Familie wohnen sie in der Nähe von Zürich. Bewusst versuchen sie, so authentisch und überzeugend zu leben, dass sie damit Vorbild sein und mit ihren Mitarbeitern zusammen viele Menschen in der Schweiz und in ganz Europa inspirieren können.

Im Jahr 1996 gründeten Leo und zwei weitere Pastoren ICF Zürich. Damit verwirklichten sie den Traum von einer „Kirche am Puls der Zeit", wo Menschen Jesus begegnen und ein Zuhause finden können. Heute gehört ICF mit bereits über 70 Kirchen zu einer der größten kirchlichen Bewegungen in Europa.

Leo ist Autor mehrerer Bücher, Gastredner im In- und Ausland und TV-Prediger auf diversen deutschsprachigen Fernsehsendern (icf.church/tv). Er begeistert und motiviert die Leute durch seine leidenschaftliche, humorvolle und unkomplizierte Art. Susanna leitet mit der ICF Ladies Lounge eine der größten Konferenzen für Frauen im deutschsprachigen Raum. Ihre bewundernswerte, authentische und jahrelange Beziehung zu Jesus sowie ihre treue Leiterschaft im ICF bewegen seit über 25 Jahren viele Menschen.

leobigger.com | susannabigger.com | icf.church

31 inspirierende Ideen für ein erfülltes Leben

Für unser Leben gibt es das vollkommene Vorbild: Jesus. Ihm immer ähnlicher zu werden und in seiner Nachfolge zu leben sind die großen Lebensthemen. Aber was sind die konkreten Schritte für ein Leben, wie es Jesus geführt hat? Wie transformieren wir sein Beispiel in unseren Alltag und in die heutige Gesellschaft? Susanna & Leo Bigger haben die fünf wichtigsten Lebensbereiche Glaube, Beziehungen, Arbeit, Ressourcen & Gesundheit durch die Brille der Bibel angeschaut. Herausgekommen sind 31 konkrete Schritte, wie du das Leben führen kannst, nach dem du dich sehnst.

Mehr Infos zum Buch:
icf.church/lebe-wie-niemals-zuvor